zarabanda

A BBC TELEVISION COURSE FOR
BEGINNERS IN SP.

D1586241

Language teaching advise.
FRANCISCO ARIZA

Drama script
MILO SPERBER

Spanish dialogue
MANUEL FERNÁNDEZ-GASALLA

Producer
DAVID HARGREAVES

BRITISH BROADCASTING CORPORATION

Published in conjunction with a series of programmes first broadcast on BBC-1 1971-72.

Two 12in. long-playing records to accompany this series are available. They can be ordered through booksellers or from BBC Publications, P.O. Box 234 London SE1 3TH.

Published to accompany a series of programmes prepared in consultation with the BBC Further Education Advisory Council.

First published 1971. Reprinted 1971, 1973, 1974, 1976

Published by the British Broadcasting Corporation
35 Marylebone High Street, London W1M 4AA
Printed in England by The Anchor Press Ltd,
Tiptree, Essex
ISBN 0 563 10514 3

Contents

Introduction

Zarabanda is a new course for beginners in Spanish and consists of twenty-five television programmes, a book and two L.P. records. If you join an evening class linked to the series you may also be able to use slides and practice tapes.

The aim of the course is to teach you the simple language most useful to a visitor to Spain and to help you understand normal spoken Spanish. Each programme concentrates on the key language needed for a particular purpose, with a minimum of grammar. However, it is no use being able to ask a question in Spanish if you can't understand the answer. When you talk to Spaniards they will use language more complex than you have learnt. You have to try and get used to following the gist of what is said. To help you develop this skill there is a special 'comprehension' scene in each programme, in which we want you simply to follow the general sense. Don't worry that you can't understand every word. Before seeing the programme a second time you may like to consult the key to the comprehension scene which you will find at the end of each chapter.

To make the best use of your time, try to adopt this pattern:

— watch the programme, speaking aloud in Spanish when you are asked to
— play the corresponding sections of the record (there are two bands for most lessons), doing the practice
— read the corresponding chapter of the book, doing the exercises
— watch the programme again on its repeat showing.

The word *zarabanda* originally referred to a lively sixteenth-century folk dance. Nowadays it's used to describe a situation full of noise and bustle. As you'll see later, it has a certain aptness as the title for our story.

Pronunciation

The best way to learn Spanish pronunciation is to listen carefully during the programmes and practise with the records. However, to help you, here is a guide relating Spanish vowels and difficult consonants to approximate sounds in English. In Spanish every letter is pronounced except 'h' and occasionally 'u':

Vowels

Spanish vowels are short and very distinct. Be careful to keep the sound the same wherever in the word it occurs.

a (cama): *similar to the 'u' in muster.*
e (Pepe): *similar to the 'é' in éclair.*
i (vino): *like the 'i' in machine.*
o (poco): *similar to the 'o' in hot.*
u (cura): *like the 'oo' in spoon.*

When two vowels occur together, they are both pronounced as described above, e.g.

baile
Europa
reina

Consonants

Most Spanish consonants are pronounced like their English equivalents, but there are some exceptions:

b, v	*— both pronounced like a soft 'b'*	caballo
		vaso
c, qu, z	— ca, co, cu, que, qui	
	In these combinations, 'c' and 'qu' are	casa
	both pronounced like English 'k'.	cura
	The 'u' is silent in 'qu'	quiero
	ce, ci, za, zo, zu	
	In these combinations 'c' and 'z' are	cena
	pronounced like 'th' in 'thin'	mozo
g, gu	— ga, go, gu, gue, gui	
	Like English 'g' as in 'garden'.	gato
	Note that in the last two combinations	llegué
	'u' of 'gu' is not pronounced	guía
	gua, guo	
	Here the 'gu' is pronounced as in	antiguo
	'language'	guapa
g, j	— ge, gi, ja, je, ji, jo, ju	gente
	'g' and 'j' are pronounced here	jamón
	like Scottish 'ch' in 'loch'	jefe
y	*— at the end of a syllable*	
	is pronounced like 'i'	hoy
	at the beginning of a syllable is	
	pronounced like a softened English 'j'	mayor

r, rr	— r		
		between vowels 'r' is slightly rolled.	caro
		At the beginning of a word 'r' is	rosa
		rolled more strongly	
		rr	
		is always rolled strongly	perro
ll	— *like 'lli' in 'million'*		calle
ñ	— *like 'ni' in 'onion'*		España
h	— *'h' is silent in Spanish*		hotel
			vehículo

Note that ch, ll, ñ, rr *are considered single letters in Spanish and are therefore listed after* '*c*', '*l*', '*n*' *and* '*r*' *in dictionaries.*

The final —d (*e.g.* usted, Madrid) *is usually dropped even by educated Spaniards except perhaps when speaking emphatically.*

Stress and accents

When a Spanish word ends in a vowel, '*n*' *or* '*s*' *and there is no written accent, the stress falls on the next to the last syllable, e.g.*

> **ga**to, Es**pa**ña, ma**ña**na, **co**men, **hom**bres.

Otherwise, the stress falls on the last syllable, e.g.

> ciu**dad**, co**mer**, pos**tal**.

Exceptions to these rules are indicated by the written accent (´) which indicates which syllable should be stressed, e.g.

> ca**fé**, **cón**sul, bri**tá**nico.

The accent is also used to show the difference in meaning between two words spelt the same:

sí — *yes*	él — *he*	mí — *me*	como — *like*
si — *if*	el — *the*	mi — *my*	¿cómo? — *how?*

Try dividing long Spanish words into syllables, and pronounce each one separately. Then say the whole word trying to acquire more speed:

> Bar — ce — lo — na
> de — par — ta — men — tos
> ad — mi — nis — tra — ción

Apart from the stressed one, remember that all syllables have equal weight.

Intonation

Spoken Spanish does not rise and fall as much as English. Try and keep the voice as level as possible.

1 UNO

How to say what you want, or don't want

SCENE A

Inside Petra's house in Piquera de San Esteban. Petra is grimly ironing things for Ramiro, her son, whilst he packs his suitcase. Ramiro comes to a halt in his packing.

Ramiro ¡Por favor, madre! Quiero un pijama.

Petra *(Handing him a pair of pyjamas)*
Un pijama.
(Ramiro hunts among the clothes)

Ramiro Quiero una toalla. *(Petra hands him a towel)*

Petra Una toalla. *(Coldly)* ¿Algo más?

Ramiro Sí, quiero algo más. Quiero una sonrisa. Quiero una sonrisa, madre. ¡Por favor!

Petra *(Contemptuously, unfolding a fancy shirt)* ¡Qué camisa!

Ramiro Una camisa moderna ... *(He is interrupted by a small boy calling him to the telephone in the village shop)*

Village shop. Ramiro enters and takes the waiting 'phone call. We gather that someone will arrive by car to pick him up very soon.

Ramiro ¿Francisco? ... Sí, Ramiro. ¡Hola, Francisco! *(The line goes dead)* ¡Francisco! ¡Francisco! *(He tries to recall the operator)* ¡Señorita, señorita! Por favor, señorita, quiero ... *(The Central Exchange speaks to him)* ¡Ah, muy bien! Gracias. *(He hangs up, waiting to be called back. Turns to the shopkeeper)* Quiero un café. No, no quiero café. Un coñac, por favor. *(The 'phone rings and Ramiro answers it.)* ¡Francisco! ... Ah, muy bien. ¿A qué hora? ... Bueno ... ¿Un Mercedes? *(To the shopkeeper)* ¡Un Mercedes! ... Sí, sí, muy bien, Francisco. Adiós y gracias. *(He hangs up)* Quiero un café.

Shopkeeper *(Irritated, because she has already poured out a glass of brandy)* ¿Un coñac o un café?

Ramiro ¡Un coñac!

WORDS AND PHRASES

por favor	*please*
madre	*mother*
quiero un pijama	*I want a pair of pyjamas*
quiero una toalla	*I want a towel*
quiero algo más	*I want something else*
quiero una sonrisa	*I want a smile*

¡Qué camisa!*	*What a shirt!*
una camisa moderna	*a modern shirt*
¡Hola!	*Hallo*
Señorita	*Miss*
gracias, muchas gracias	*thanks, thanks very much*
muy bien	*very good*
quiero un café	*I want a coffee*
no quiero café	*I don't want a coffee*
un coñac	*a brandy*
¿A qué hora?*	*What time?*
bueno	*alright*
sí	*yes*
adiós	*goodbye*
y	*and*
o	*or*

* *Notice that in Spanish you use two question or exclamation marks – one (upside down) at the beginning, and the other, as normal, at the end.*

SCENE B

The Priest walks through the village to Petra's house

Man Buenas tardes, Padre.
Priest Adiós, Sebastián.
Boy Buenas tardes, don Baldomero.
Priest Adiós, hijo.

Petra's house

Priest Buenas tardes, Petra.
Petra Buenas tardes, don Baldomero.
Priest *(He looks round for Ramiro)* ¿Y Ramiro?
Petra Una llamada telefónica. ¿Quiere usted un café?
Priest No, gracias. *(Tactfully referring to Ramiro's departure)*
Un momento difícil, ¿eh, Petra?
Petra Sí, don Baldomero.

The village street. Juana, Ramiro's girlfriend, passes the village shop. She sees Ramiro, but ignores him. Ramiro leaves the shop and catches up with her.

Ramiro ¡Hola, Juana!
Juana ¡Hola!

Petra's house

Priest	Ramiro es bueno ...
Petra	Ramiro es egoísta ...
Priest	No, Petra, Ramiro no es egoísta. Sólo es joven.
Petra	*(Changing the subject)* ¿Quiere usted algo ahora?
Priest	Sí, ahora sí.
Petra	¿Qué prefiere? ¿Anís o café?
Priest	Prefiero anís. Siempre ...

The village street

Juana	*(Exasperated, having heard all his arguments before)* Ay, Ramiro, siempre igual.
Ramiro	Piquera es pobre. Quiero algo más. Segovia ... ¡Madrid!
Juana	Siempre igual. *(Going through his usual arguments)* Oportunidades, dinero ...
Ramiro	*(Defiantly)* Sí, quiero oportunidades y quiero dinero ...

Petra's house

Priest	*(Tolerantly)* Ramiro quiere oportunidades, quiere ...
Petra	Ramiro quiere dinero. Sólo quiere dinero, don Baldomero. Ramiro es egoísta.

WORDS AND PHRASES

buenas tardes	*good afternoon, good evening*
Padre	*Father (i.e. Priest)*
don	*title given before man's Christian name*
hijo	*son*
una llamada telefónica	*a telephone call*
un momento difícil	*a difficult moment*
egoísta	*selfish*
sólo es joven	*he's just young*
¿quiere usted algo ahora?	*would you like something now?*
¿qué prefiere?	*which do you prefer?*
prefiero anís	*I prefer anís (an aniseed drink)*
siempre	*always*
siempre igual	*always the same*
Piquera es pobre	*Piquera is poor*
oportunidades y dinero	*opportunities and money*

EXPLANATIONS

1 un *and* una

There are two words for 'a' in Spanish. Un *goes with masculine nouns, and* una *with feminine nouns: e.g.* un coñac, una camisa. *When you learn a new noun you have to learn whether it is masculine or feminine. In the plural* un *becomes* unos, *meaning 'some'. For instance,* unos cigarrillos *means 'some cigarettes'. In the plural* una *becomes* unas.

2 *How to say 'I want'*

Quiero	un café una toalla unos cigarrillos unas camisas

You don't need a separate word for 'I'. The idea of 'I' is contained within quiero.

3 *How to say 'I don't want'*

No quiero	café coñac anís

Notice that you don't need un *or* una *here.*

4 *Questions*

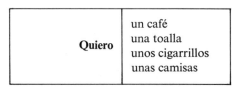

| ¿ | **Quiere usted** | un café
un coñac
un anís | ? |

usted *means 'you'. It is often written in an abbreviated form –* Vd. *For instance:*

¿Qué quiere Vd.?   *What do you want?*

It is not always necessary in Spanish to use the word usted. *If you're speaking directly to someone you can simply say:*

¿Qué quiere?

The idea of 'you' is contained within quiere.

5 *To say what someone else wants.*
Also use **quiere**

Ramiro **quiere**	oportunidades dinero

You could of course also say Ramiro no quiere . . .

PRACTICE

After seeing the programme and listening to the record, try these exercises. **Speak aloud.**

Exercise 1   *Make up simple sentences saying what you want, beginning* Quiero . . .
Besides the words you've already met, you might find useful:

un taxi	Quiero un taxi.
un whisky	Quiero . . . .
una aspirina	. . . .
un té *(tea)*	. . . .
un chocolate *(the drink)*	. . . .

Exercise 2   *Make up questions asking 'Would you like a . . .?' For instance:*
¿ Quiere usted un café?

un vino	¿ Quiere usted un vino?
una limonada	¿ Quiere . . . . ?
un cigarrillo	¿ . . . . ?
una revista *(a magazine)*	¿ . . . . ?
un periódico *(a newspaper)*	¿ . . . . ?

If you are asked one of these questions, you use Sí, gracias *and* No, gracias *for accepting or refusing.*

¿ Quiere usted un té?	Sí, gracias.
¿ Quiere usted un chocolate?	No, ...
¿ Quiere usted un whisky?	. . . .
¿ Quiere usted una aspirina?	. . . .

To say 'No thank you, I'd prefer a . . .,' use   No, gracias, prefiero . . .

¿ Quiere usted una revista?	(un periódico)	No, gracias, prefiero un periódico.
¿ Quiere usted un café?	(un té)	No, gracias, prefiero un . . . .
¿ Quiere usted una limonada?	(un vino)	No, ...
¿ Quiere usted un anís?	(un coñac)	. . . .

Exercise 3   *Describe the people in the drawings. For instance:* Juan es joven.

Juan

Carlos

Use these adjectives:

joven	*young*
viejo	*old*
rico	*rich*
pobre	*poor*
alto	*tall*
bajo	*short*

Juan es joven
Carlos es. . . .
Miguel. . . . . .
Pepe. . . . .
Manuel . . . . .
Ernesto . . . . .

Miguel

Pepe

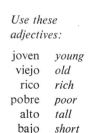

Manuel

Ernesto

KEY TO COMPREHENSION SCENE

The last five minutes of each programme are designed gradually to accustom you to the real situation you'll meet in Spain. It's inevitable that when you talk to Spaniards they won't just use the words and constructions you happen to have learnt. You have to get used to following the general gist of what they're saying by recognizing the words and phrases that you do know. Don't expect to follow every word of the comprehension scenes: just try and catch the general sense. Try to watch the programme again later in the week: you will find you understand better with each viewing.

In this first scene Ramiro makes his farewells and goes down to the main road to meet his friend with the elegant Mercedes. A few phrases it may help you to know are:

el mundo es grande	*the world is big*
¿un trabajo en el pueblo?	*a job in the village?*
es la hora	*it's time*
algo de comer	*something to eat*
viaje	*journey*
¡Buena suerte!	*Good luck!*
un coche rápido	*a fast car*

2 DOS

How to introduce yourself and ask about others

A lorry on the way to Segovia. Ramiro is talking to the driver.

Driver (*Keeping his eyes on the road*) ¿Es usted de Segovia?

Ramiro (*Looking for his cigarettes*) No. No soy de Segovia.

Driver ¿De dónde es usted?

Ramiro Soy de Piquera.

Driver (*In mock surprise*) ¿De Piquera? ¿Del pueblo?

Ramiro Sí. (*Finally finding his cigarettes*) ¿Un cigarrillo?

Driver Sí, gracias. ¿Quiere usted fuego? (*Indicating his right pocket*)
En el bolsillo, en el bolsillo de la derecha.
(*The driver swerves violently as a car approaches on the wrong side of the road*)
(*Angrily*) ¿Es usted inglés? (*Turning to shout after the car and taking his attention from the road ahead*) ¡La derecha, animal! ¡La derecha!

Ramiro ¡Cuidado!
(*The driver reacts quickly*)

Driver Gracias. (*Ramiro gives him a light*) ¿Es usted comerciante?

Ramiro No.

Driver Empleado. ¿Es usted empleado de oficina?

Ramiro No. Soy mecánico.

Driver ¿Mecánico? ¿Mecánico?

The lorry approaches Segovia. They continue their conversation.

Ramiro ¿De Madrid? ¿Es usted de Madrid?

Driver Sí, señor. Soy de Madrid. (*Looking at his watch*) Y a las doce en Madrid.
A las doce en casa.

Ramiro (*Enviously*) ¡Madrid . . .!

Driver Sí, Madrid . . . (*Starting to offer him a lift*) ¿Quiere usted . . .?

Ramiro (*Reluctantly*) No, gracias . . . Ahora no; pero . . .
(*The driver points out of the window*)

Driver Bueno, amigo. Segovia.

The hallway of a small boarding house in Segovia. There is nobody about. A football match can be heard on the radio. Ramiro bangs his hand on the counter for attention. The proprietor enters.

Casiano ¿Qué quiere usted?

Ramiro Una habitación. ¿Es usted el encargado?

Casiano (*His attention still on the match*) Barcelona, uno; Real Madrid, dos.

Ramiro (*Uninterested*) Ya . . . ¿Es usted de la casa?

Casiano (*His mind still on the match*) ¡Un gol muy bueno de Pirri! ¡Con la izquierda!

Ramiro ¿Es usted empleado de la casa? (*Pointing to the counter*) ¿De la oficina? ¿Quién es usted?

Casiano Soy Casiano. Casiano Gil. (*They shake hands*)

Ramiro Mucho gusto, señor Gil pero . . . (*Impatiently*) Quiero una habitación. (*Casiano looks in the register and hands him key number 12*)

Casiano La doce. Uno, dos. Barcelona, uno; Real Madrid, dos.

Ramiro ¿Cuánto es la habitación?

Casiano Cien (100) pesetas.

Ramiro (*Looks doubtful*) Bueno.
(*Ramiro goes up the stairs. Casiano calls after him*)

Casiano La habitación a la derecha.

WORDS AND PHRASES

¿Es usted de Segovia?	*Are you from Segovia?*
¿De dónde es usted?	*Where do you come from?*
soy de Piquera	*I come from Piquera*
¿del pueblo?	*from the village?*
un cigarrillo	*a cigarette*
¿Quiere usted fuego?	*Do you want a light?*
en el bolsillo de la derecha	*in the right-hand pocket*
¿Es usted inglés?	*Are you English?*
la derecha	*the right*
¡Cuidado!	*Look out!*
¿Es usted comerciante?	*Are you in business?*
¿Es usted empleado de oficina?	*Are you an office worker?*
soy mecánico	*I'm a mechanic*
¿Es usted de Madrid?	*Are you from Madrid?*
a las doce	*at twelve o'clock*
en casa	*at home*
una habitación	*a room*
¿Es usted el encargado?	*Are you in charge?*
Ya . . .	*I see . . .*
¿Es usted de la casa?	*Do you work here?*
¿Quién es usted?	*Who are you?*
¡Un gol muy bueno de Pirri!	*A very good goal by Pirri!*
¡con la izquierda!	*with his left (foot)!*
Mucho gusto	*Pleased to meet you*
la doce	*(room number) 12*
¿Cuánto es?	*How much is it?*

EXPLANATIONS

1 *Introductions*

The commonest exchange when people are introduced goes as follows:

A ¿Cómo está usted? (*How are you?*)
B Bien, gracias, ¿y usted? (*Well, thanks, and you?*)
A Bien, gracias

You will also find that people say:

A Mucho gusto (*literally 'a great pleasure'*)
B Encantado*   (*literally 'delighted'*)

 * *Notice that a woman says* Encantada.

2 *How to say 'I am . . .'*

Soy	Frank Smith comerciante inglés

Soy	Anne Brown secretaria inglesa*

You do not need a separate word for 'I': the idea of 'I' is contained within soy.

* *When adjectives of nationality refer to a girl or woman, they end in* a. *So an English-woman would say* Soy inglesa *and in speaking of or to a Spanish woman you must say* española.

3 *How to say 'I am from . . .' or 'I come from . . .'*

Soy de	Londres Glasgow Liverpool

If you want to say 'I'm not from . . .', you simply say No soy de . . ., *e.g.* No soy de Madrid.

4 *How to ask about someone else*

¿	**Es usted**	el señor Fernández la señora Fernández estudiante español(a) de Madrid	?

You can also ask:

¿Quién es usted?	*Who are you?*
¿De dónde es usted?	*Where do you come from?*

5 *'The'*

We saw in the last chapter that there are masculine and feminine nouns in Spanish. The words for 'the' with masculine nouns are el *(singular) and* los *(plural):*

el pueblo	los pueblos
el cigarrillo	los cigarrillos

The words for 'the' with feminine nouns are la *(singular) and* las *(plural):*

la oficina	las oficinas
la camisa	las camisas

6 *'To' and 'from'*

'to' is **a** *and 'from' is* **de**

e.g.	a la oficina	*to the office*
	de la casa	*from the house*

If the word el *follows* a *or* de *the words combine:*

$$a + el = al$$
$$de + el = del$$

e.g.	al pueblo	*to the village*
	del pueblo	*from the village*
	al hotel	*to the hotel*
	del hotel	*from the hotel*

PRACTICE

After seeing the programme and listening to the record, try these exercises. Speak aloud.

Exercise 1 *Make up simple sentences asking about the identity of people, their nationality and profession.*

el señor Fernández	¿Es usted el señor Fernández?
la señora González	¿Es usted la señora González?
la señorita Ruiz	¿Es usted.................?
la señora López	¿.........................?
el señor Martínez	¿.........................?
la señorita García	¿.........................?
el señor Gómez	¿.........................?
español	¿Es usted español?
española	¿Es usted.......?
francés (*French*)	¿Es.............?
francesa	¿...............?
americano*	¿...............?
americana*	¿...............?

* (*These words apply to people from both North and South America*).

comerciante (*businessman*)	¿Es usted comerciante?
mecánico	¿Es usted...........?
empleado de oficina	¿.................?
empleada* de oficina	¿.................?
estudiante	¿.................?
secretaria	¿.................?
médico (*doctor*)	¿.................?
dentista	¿.................?
ingeniero (*engineer*)	¿.................?

* *Notice a lady employee is* empleada.

Exercise 2 *Ask 'Are you from . . .?'*

Madrid	¿Es usted de Madrid?
Barcelona	¿Es usted de.......?
Francia (*France*)	¿.................?
Palma	¿.................?
Torremolinos	¿.................?
Alemania (*Germany*)	¿.................?
Granada	¿.................?

Exercise 3 *Say where you are from:*

Inglaterra	Soy de Inglaterra.
Edimburgo	Soy de.........
Escocia (*Scotland*)	....
El País de Gales (*Wales*)	....
Mánchester	....
Irlanda (*Ireland*)	....

Exercise 4   *Say what your occupation is:*

secretaria	Soy secretaria.
estudiante	Soy . . . .
comerciante	. . . .
mecánico	. . . .
maestro (*primary school teacher*)	. . . .
maestra	. . . .
profesor (*secondary school teacher*)	. . . .
ingeniero	. . . .
empleado de oficina	. . . .
empleada de oficina	. . . .
hombre de negocios (*i.e. someone in the upper reaches of business*)	. . . .

KEY TO COMPREHENSION SCENE

Don't expect to follow every word of the comprehension scenes: just try to follow the general sense. You have to get used to following the gist of more complex Spanish than that which you have learnt. Try to watch the programme a second time: you will find you understand better with each viewing. In this scene Ramiro makes his first acquaintances in Segovia. A few phrases it may help you to recognize are:

mucha gente	*a lot of people*
¿Quién es?	*Who is he?*
somos de aquí	*we're from here (i.e. Segovia)*
quiero trabajar aquí	*I want to work here*
¿Es la hora de cerrar?	*Is it closing time?*
quiero comer algo	*I want something to eat*
(la) tortilla	*omelette*
¿Recién llegado?	*Did you arrive recently?*
¿Y amigos . . . o amigas?	*Any friends? Or girl friends?*

3 TRES
How to ask where something is

Outside the workshop of the garage where Ramiro is working

Foreman ¡Ramiro! ¿Dónde está Ramiro? (*As Ramiro appears*) ¡Ah!
(*Pointing to a lorry Ramiro is working on*) ¿Qué tal?

Ramiro Un momento. (*He jumps up into the cabin and looks for the ignition key*)
¿Dónde está la llave?
(*The foreman throws him the key*)

Foreman (*Looking into the engine*) Vamos a ver . . . (*Ramiro starts to rev up the engine*) ¡Más!

Ramiro ¿Así?

Foreman ¡Más! ¡Más! (*Holding up his hand*) ¡Vale! Muy bien, muchacho.

The garage office, later. Morán, the garage owner, is writing the invoice for a car Ramiro is going to deliver.

Morán Importe total del servicio: tres mil (3,000) pesetas. (*He writes out the envelope*) Señor Don Alejandro de Urquijo, Hotel Las Sirenas, Segovia.

Ramiro (*Looking at the address*) ¿Dónde está el hotel?

Morán En la calle Juan Bravo.

Ramiro Y . . . ¿dónde está la calle Juan Bravo?

Morán Muy fácil. Desde aquí, todo seguido hasta la Calle Mayor. Después, a la izquierda, hasta la iglesia de San Martín. Después, a la derecha.

Ramiro ¡Ah, sí! Es una calle muy larga . . .

Morán No, no. (*Pointing to a map*) El hotel está en el centro de la ciudad. Aquí.

Ramiro Y . . . ¿dónde está el taller?

Morán El taller está aquí. Desde el taller, todo seguido hasta la Calle Mayor. ¿Entendido? Luego, a la izquierda. Después, a la derecha. (*Tapping the map*) Y ahí está el hotel. (*Ramiro pockets the envelope and goes to the door*) Del taller al hotel, y del hotel al taller, ¡sin paseos . . .! ¿Entendido?

Ramiro Entendido.

WORDS AND PHRASES

¿Dónde está Ramiro?	*Where's Ramiro?*
¿Qué tal?	*How are things?*
¿Dónde está la llave?	*Where's the key?*
vamos a ver	*let's see*
¡Más!	*More!*
¡Vale!	*Alright, O.K.*
¿Así?	*Like this?*
(el) muchacho	*boy*

importe total del servicio	*total service charge*
(la) calle	*street*
muy fácil	*very easy*
desde aquí	*from here*
después	*then, afterwards*
todo seguido	*straight on*
a la derecha	*to the right*
hasta la iglesia de San Martín	*as far as St Martin's Church*
luego a la izquierda	*then to the left*
en el centro de la ciudad	*in the centre of the town*
aquí	*here*
¿Dónde está el taller?	*Where's the garage? (i.e. a garage with a workshop)*
todo seguido hasta la Calle Mayor	*straight on till the main road*
¡sin paseos!	*without any loitering!*
¿Entendido?	*Understood?*

SCENE B

Ramiro is driving through the centre of the town on his way to deliver the car. He sees Maribel and stops, sounding the horn.

Maribel (*Smiling, but not stopping*) ¡Ah! ¡Adiós!

Ramiro ¡Hola! (*Opening the door to offer her a lift*)

Maribel No, gracias. Voy a la Plaza Mayor.

Ramiro Muy bien. ¡Vamos a la Plaza Mayor!

Maribel Pero . . . ¡La Plaza está muy cerca!

Ramiro ¿Sí? ¿Dónde está?

Maribel Al final de la calle.

Ramiro ¿Todo seguido?

Maribel (*Getting into the car*) Sí, todo seguido.

(*The driver behind Ramiro sounds his horn impatiently*)

Ramiro ¡Tranquilo, hombre, tranquilo!

A parking place near the Plaza Mayor. Maribel and Ramiro get out of the car. Ramiro is stopped by a tourist with a letter in her hand.

Tourist Por favor, ¿dónde está Correos? Quiero un sello.

Ramiro Lo siento. No soy de Segovia.

Maribel Por aquí no hay Correos . . . pero en los estancos también hay sellos.

Tourist ¿Estanco? Y . . . ¿dónde hay un estanco?

Maribel Muy cerca. (*Points*) Al final de la calle. Hay un letrero en la puerta.

Tourist Muchas gracias.

Maribel (*Smiling*) De nada.

WORDS AND PHRASES

voy a la Plaza Mayor	*I'm going to the main square*
¡Vamos a la Plaza Mayor!	*Let's go to the main square*
¡La Plaza está muy cerca!	*The square is very near!*
al final de la calle	*at the end of the street*
¡Tranquilo, hombre, tranquilo!	*Calm down!*
(el) sello	*postage stamp*
por aquí no hay Correos	*there isn't a post office round here*
en los estancos también hay sellos	*there are stamps in* estancos (*State tobacco shops*) *as well*
¿Dónde hay un estanco?	*Where is there an* estanco?
hay un letrero en la puerta	*there's a sign on the door*
muchas gracias	*thank you very much*
de nada	*you're welcome, not at all*

EXPLANATIONS

1 *How to ask where someone or something is*

¿	**Dónde está**	Ramiro Correos la calle Juan Bravo	?

If you want to refer to more than one person or thing:

¿	**Dónde están**	Ramiro y Francisco los cigarrillos	?

2 *How to say where someone or something is*

Francisco		en el bar
El hotel	**está**	en el centro

If you want to refer to more than one person or thing:

María y Ana		en un café
Los coches	**están**	en el garaje

When talking about 'where' someone or something is, you always use the verb estar.

3 *How to ask 'Is there a . . . ?' or 'Are there . . . ?'*

¿	**Hay**	un café aquí hoteles en el centro	?

Notice that hay *means both 'Is there . . .?' and 'Are there . . .?'*

If you want to ask 'Where is there a . . .?' or 'Where are there . . .?' use:

¿	**Dónde hay**	un teléfono taxis	?

4 *How to say 'there is' or 'there are'*

En la plaza		un hotel
En el hotel	**hay**	teléfonos

5 voy, va, vamos

These words belong to the verb ir, *meaning 'to go':*

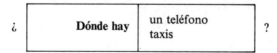

Voy		Madrid
Va*	a	un hotel
Vamos		un café

I go, or am going, to Madrid
He/she goes, or is going, to a hotel
We go, or are going, to a café

Notice that vamos *can also be used in the sense of 'Let's go . . .'. For example:*

¡Vamos al bar!   *Let's go to the bar!*

* *Remember that the form of the verb used with* usted *is the same as that used with he/she.*

e.g.   ¿Va usted a Segovia?   *Are you going to Segovia?*

6 Adjectives

Adjectives have different endings according to the noun they describe. All adjectives have a plural form:

SINGULAR   PLURAL

un coche una camisa	verde	unos coches unas camisas	verdes
un coche una camisa	azul	unos coches unas camisas	azules

Many adjectives also have different endings with feminine nouns. Adjectives which end in o *in the masculine singular end in* a *in the feminine.*

un coche moderno	unos coches modernos
una camisa moderna	unas camisas modernas

Adjectives of nationality change to a *in the feminine:*

un coche inglés	unos coches ingleses
una camisa inglesa	unas camisas inglesas

PRACTICE

Exercise 1   *Ask where the people and places mentioned are, and then answer, using the phrases given.*

Juan	¿Dónde está Juan?
en el estanco	Juan está en el estanco.
el señor Fernández	¿Dónde está el............?
en Madrid	El señor Fernández está......
el hotel	¿Dónde..................?
en la Plaza	El hotel..................
el estanco	¿.......................?
en la Calle Mayor	....
Correos	¿.......................?
en la avenida	....
la estación	¿.......................?
al final de la calle	....
el servicio (*toilet*)	¿.......................?
al final del pasillo (*corridor*)	....

Exercise 2 *Ask where the places listed are, then using the map, give the answer. e.g.*

Correos   ¿Dónde está Correos?   Correos está en la Calle Mayor.
el Hotel Imperial   ¿Dónde está el . . . . .?   El Hotel Imperial está . . . .
el restaurante 'El Mesón'   ¿Dónde . . . .?   El . . . .
la iglesia de San Esteban   ¿ . . . .?   . . . .
el Banco de España   ¿ . . . .?   . . . .
la estación de ferrocarril   ¿ . . . .?   . . . .
   (*railway station*)
el cine 'Avenida'   ¿ . . . .?   . . . .
la Plaza de Toros (*bullring*)   ¿ . . . .?   . . . .
la agencia de viajes   ¿ . . . .?   . . . .
la Oficina de Turismo   ¿ . . . .?   . . . .
   (*State Tourist Office*)

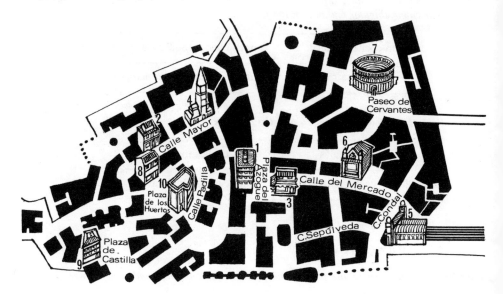

KEY   1 Hotel Imperial   6 Cine 'Avenida'
      2 Correos   7 Plaza de Toros
      3 Restaurante 'El Mesón' 8 Agencia de Viajes
      4 Iglesia de San Esteban 9 Oficina de Turismo
      5 Estación de Ferrocarril 10 Banco de España

Exercise 3 *Answer the question* ¿Adónde va usted? (*Where are you going?*)

¿Adónde va usted?   (a Correos)   Voy a Correos.
                     (al estanco)   Voy . . . .
                     (a la ciudad)   . . . .
                     (a la plaza)   . . . .
                     (al taller)   . . . .
                     (a Barcelona)   . . . .

Exercise 4   *Use* hay *to ask 'Where is there a . . .?'*

un estanco	¿Dónde hay un estanco?
un hotel	¿Dónde hay..........?
un taller	¿....................?
una agencia de viajes (*travel agency*)	¿....................?
un teléfono	¿....................?
un lavabo (*toilet*)	¿....................?
una peluquería (*hairdresser*)	¿....................?

KEY TO COMPREHENSION SCENE

Don't expect to follow every word of the comprehension scenes: just try to catch the general sense. Try to see the programme a second time.

In this scene Ramiro tries to discover Maribel's plans for the evening and learns that she might visit a discothèque. He calls in at Encarna's bar and grumbles about the cost of his room at the boarding-house. Encarna offers to help him change that evening to another boarding-house, but he's more interested in getting to the discothèque.

¿Mucha prisa?	*Are you in a great hurry?*
Hay que pagar, ¿no?	*We've got to pay, haven't we?*
esta tarde voy a ver el Alcázar	*this afternoon (or evening) I'm going to see the Alcázar (a castle)*
¡Qué pena!	*What a pity!*
(el) coche	*the car*
no soy experto en hombres	*I'm not an expert on men*
es muy caro	*it's very expensive*
hay habitaciones más baratas	*there are cheaper rooms*
es que ahora voy al cine	*the thing is, I'm going to the cinema now*
¿Bailamos?	*Shall we dance?*
Vamos a bailar	*Let's dance*
el aire está cargado	*it's very stuffy*
Vamos a salir de aquí	*Let's get out of here*
¿Está el coche fuera?	*Is the car outside?*
El coche es de un cliente del taller	*The car belongs to a client of the garage*
no tengo coche	*I haven't got a car*
mi coche está allí arriba	*My car is up there*

4 CUATRO

How to say what you want or have to do

SCENE A

Encarna's bar, lunch-time

Customer La cuenta, Encarna.

Encarna Mañana, hombre.

Customer Gracias, pero quiero pagar.

Encarna (*Taking out some bills*) Vamos a ver . . . ¿Quiere pagar la cuenta de la semana o sólo la comida de hoy?

Customer Quiero pagar la cuenta de la semana.

    (*Encarna starts adding up. Ramiro enters*)

Ramiro ¿Dónde está la pensión de su amiga?

Encarna Un momento.

Customer (*To Ramiro*) Hace calor ¿eh?

Ramiro Mucho.

Encarna (*To customer*) Su cuenta. (*The man checks it and pays*)

Ramiro Quiero ver la habitación.

Customer (*Leaving*) Hasta mañana.

Encarna ¿Es malo el hotel?

Ramiro Sí, malo y caro. ¿Cuándo está en casa su amiga?

Encarna (*Looking at clock*) Probablemente ahora; pero . . . ¿quiere tomar algo?

Ramiro No, gracias, Encarna.

Encarna ¿Algo fresco?

Ramiro Bueno. Una cerveza.

Encarna (*Cutting some slices of ham*) ¿No quiere probar el jamón?

Ramiro No. No quiero nada de comer.

Encarna (*Insisting*) Es muy bueno. (*Ramiro begins to eat, reluctantly*) ¿Y ayer? ¿Qué tal ayer?

Ramiro (*Unenthusiastically*) Bien.

Encarna ¿Una chica?

Ramiro Sí.

Encarna ¿Es guapa?

Ramiro Sí. ¿Vamos a ver la pensión?

Encarna Sí, vamos.

Ramiro No quiero llegar tarde al trabajo.

Encarna La casa de mi amiga está muy cerca de su taller.

WORDS AND PHRASES

(la) cuenta	*bill*
quiero pagar	*I want to pay*
¿Quiere pagar la cuenta de la semana . . .?	*Do you want to pay the bill for the week . . .?*

¿. . . o sólo la comida de hoy?	. . . or just for today's meal?
hace calor	it's hot
su cuenta	your bill
quiero ver la habitación	I want to see the room
Hasta mañana	See you tomorrow
malo	bad
caro	expensive
¿Cuándo está en casa su amiga?	When is your friend at home?
	(N.B. amigo is a man, amiga is a woman)
¿Quiere tomar algo?	Would you like something?
algo fresco	something cool
una cerveza	a beer
¿No quiere probar el jamón?	Don't you want to try the ham?
no quiero nada de comer	I don't want anything to eat
¿Qué tal ayer?	How did it go yesterday?
una chica	a girl
guapa	pretty
no quiero llegar tarde al trabajo	I don't want to arrive late for work
la casa de mi amiga	my friend's house
está muy cerca de su taller	is very near your garage

SCENE B

The boarding-house. The landlady is showing Ramiro the room.

Landlady Pequeña, pero cómoda, ¿no es verdad?

Ramiro (*Non-committally*) Sí . . . (*He continues looking round*)

Landlady (*To Encarna*) ¿Qué tal por el bar?

Encarna Como siempre. Mucho trabajo y poco dinero.

Landlady (*To Ramiro*) ¿Quiere ver las otras habitaciones?

Ramiro No. No es necesario. (*Taking out his wallet*) ¿Tengo que pagar ahora?

Encarna Bueno, tengo que marcharme. Adiós.

Ramiro Adiós. Muchísimas gracias.

(*Landlady shows Encarna out*)

Landlady Hasta luego, Encarna.

Ramiro Bueno, ¿tengo que pagar ahora?

Landlady Pues . . . No, no tiene que pagar ahora. ¿Quiere comer siempre aquí en mi casa, o en el bar de Encarna?

Ramiro Quiero comer aquí, en su casa. Está cerca del taller.

Landlady De acuerdo. ¿Quiere cenar esta noche aquí?

Ramiro Esta noche prefiero cenar en el bar. Tengo que traer mis cosas . . .

Landlady ¿Dónde están sus cosas?

Ramiro En el hotel. Bueno. Tengo que marcharme. No quiero llegar tarde a mi trabajo. (*Hurrying away*) Hasta la noche.

WORDS AND PHRASES

cómodo(-a)	*comfortable*
¿no es verdad?	*don't you think?*
¿Qué tal por el bar?	*How are things at the bar?*
poco	*not much*
otro(-a)	*other*
¿Tengo que pagar ahora?	*Do I have to pay now?*
tengo que marcharme	*I have to go*
Hasta luego	*See you later*
no tiene que pagar ahora	*you don't have to pay now*
comer	*to eat*
de acuerdo	*agreed*
cenar	*to have supper*
esta noche	*tonight*
tengo que traer mis cosas	*I have to bring my things*
Hasta la noche	*See you tonight*

EXPLANATIONS

1 *How to say 'I want to . . . '*

Use quiero *followed by another verb in the 'infinitive' form (i.e. the form in which you will find a verb in a dictionary). All infinitives in Spanish end in either* -ar *or* -er *or* -ir.

Quiero	pagar	*I want to pay.*
	comer	*I want to eat.*
	dormir (*sleep*)	*I want to sleep.*

Quiero	pagar la cuenta	*I want to pay the bill.*
	comer ahora	*I want to eat now.*
	dormir aquí	*I want to sleep here.*

2 *Questions*

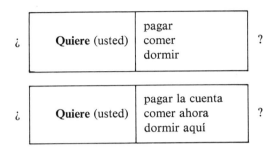

Remember that usted *can be left out when you ask someone a direct question.*

3 *How to say 'I prefer to ...'*

You can make similar sentences using prefiero *and* prefiere *instead of* quiero *or* quiere.

   e.g.   Prefiero comer en el bar.   *I prefer to eat in the bar.*
            ¿Prefiere pagar ahora?   *Would you prefer to pay now?*

4 *How to say 'I have to ...'*

Use tengo que *followed by another verb in the 'infinitive', i.e. the form of the verb ending in* **-ar** *or* **-er** *or* **-ir**.

Tengo que	trabajar	*I have to work.*
	volver	*I have to return.*
	salir	*I have to go out.*

Tengo que	trabajar hoy	*I have to work today.*
	volver al hotel	*I have to return to the hotel.*
	salir ahora	*I have to go out now.*

If you want to say 'I don't have to ...', you simply say: No tengo que ...

5 *How to ask 'Do I have to ...?'*

¿ | **Tengo que** | trabajar hoy / volver al hotel / salir ahora | ?

6 *How to ask 'Do you have to ...?'*

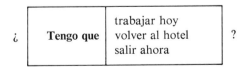

7 *How to say what someone else has to do*

Mi marido Mi mujer Mi amigo(-a)	**tiene que**	trabajar hoy volver al hotel salir ahora

PRACTICE

Exercise 1   *Say what you want to do by using the phrases and verbs below.*

Quiero la cuenta	(pagar)	Quiero pagar la cuenta.
Quiero una habitación	(ver)	Quiero ver..........
Quiero la comida	(tomar)	Quiero..............
Quiero jamón serrano	(comer)	....
Quiero una cerveza	(tomar)	....

Exercise 2   *Answer the question* ¿Qué quiere usted? *saying what you want to do.*

¿Qué quiere usted?	(tomar una cerveza)	Quiero tomar una cerveza.
	(pagar la cuenta)	Quiero pagar ....
	(ver el hotel)	Quiero...............
	(ir a Madrid)	....
	(comer en el café)	....

Exercise 3   *Answer the question* ¿Va usted a . . .? *(Are you going to . . .?), saying what you have to do instead.*

¿Va usted al cine?	(estudiar)	No, tengo que estudiar.
¿Va usted a la discoteca?	(trabajar)	No, tengo que........
¿Va usted al café?	(ir al hotel)	No, ...
¿Va usted a Madrid?	(volver a Londres)	....
¿Va usted a la playa? *(the beach)*	(ir al banco)	....

Exercise 4   *Reply to the following questions, saying that you would prefer something else.*

¿Quiere tomar una cerveza?	(un vino)	No, prefiero tomar un vino.
¿Quiere pagar mañana?	(ahora)	No, prefiero pagar........
¿Quiere probar el jamón?	(la tortilla)	No, prefiero ....
¿Quiere ir a un hotel?	(una pensión)	....
¿Quiere ir a Barcelona?	(Madrid)	....
¿Quiere comer en el hotel?	(en un restaurante)	....
¿Quiere ver el parque?	(la Plaza Mayor)	....

KEY TO COMPREHENSION SCENE

*Ramiro is late back from lunch and Morán, his boss at the garage, ticks him off.
A 'phone call from Maribel during working hours doesn't improve matters.
During the evening Ramiro drops in at Encarna's bar and grumbles about life
at the garage. As he's walking home he comes across another small garage and
strikes up a conversation with the owner, who's obviously not expecting a
visitor.*

escuchar sus tonterías	*to listen to your stupid talk*
estar aquí a su hora	*to be here on time*
¡aquí hay que trabajar!	*here you've got to work!*
¿Dígame?	*Hello? (on telephone)*
¡Esto es el colmo!	*This is the limit!*
¿Quiere usted callar?	*Will you shut up?*
lo siento	*I'm sorry*
¿Quiere dejar su trabajo?	*Do you want to leave your job?*
tiene que pensarlo bien	*you must think carefully about it*
¿Qué hace aquí?	*What are you doing here?*
miro solamente	*I'm just watching*
¿Cuánto tiempo hace que mira?	*How long have you been watching?*
es que parece un detective	*the thing is, you look like a detective*
¿Es usted el dueño?	*Are you the owner?*

5 CINCO
Revision

SCENE A

A reception room in don Javier's house. Antonio, the owner of the small garage, has been waiting to see don Javier.

Antonio   Buenas tardes, don Javier.

Javier   Hola. ¿Qué hay, Antonio?

Antonio   Pues . . .

Javier   Tengo un coche bonito, ¿eh?

Antonio   Sí, señor, muy bonito, pero . . .

Javier   ¿Hay alguna dificultad?

Antonio   Hay muchas dificultades, don Javier.

Javier   Ah, ¿sí? ¿Por qué?

Antonio   Porque su coche es un modelo antiguo y el motor . . . ¿Tiene un papel? (*He starts to make a rough drawing*) Mire, el motor . . .

Javier   ¡Por favor, Antonio, que no soy mecánico! ¿Quiere hacer la reparación, sí o no?

Antonio   Es un trabajo difícil, y el precio . . .

Javier   ¡Ah!, ya . . . ¿Cuánto? (*Watching Antonio scribble figures*) ¿Veinte mil (20.000) pesetas?

Antonio   ¡Mucho más, don Javier!

Javier   ¿Cuarenta mil (40.000)?

Antonio   Aproximadamente.

Javier   De acuerdo.

Antonio   ¿De acuerdo?

Javier   Su garaje está bien equipado para la reparación, ¿verdad?

Antonio   Sí, claro que sí. Pero . . . paciencia ¿eh, don Javier? Hay mucho trabajo en el coche. Una semana como mínimo.

Javier   Es mucho tiempo.

Antonio   Muy bien, don Javier. Prometo trabajar día y noche.

WORDS AND PHRASES

¿Qué hay?	*How's it going?*
tengo un coche bonito	*I've a nice car*
¿Hay alguna dificultad?	*Is there any difficulty?*
¿Por qué?	*Why?*
porque	*because*
¿Tiene un papel?	*Have you a piece of paper?*
mire	*look*

¿Quiere hacer la reparación?	*Do you want to do the repair?*
el precio	*the price*
de acuerdo	*agreed*
bien equipado	*well equipped*
una semana	*a week*
como mínimo	*at the least*
prometo trabajar	*I promise to work*

SCENE B

Maribel's house

Maribel (*Coldly*) ¿Algo más, Carlos? Quiero terminar la conversación. Tengo que hacer unas cosas.

Carlos ¡Cuánta prisa! Una cita con el donjuán del coche blanco, probablemente . . .

Maribel No tiene coche. Ramiro es mecánico.

Carlos (*Ironically*) ¡Vaya! ¡Una cosa nueva! ¡La historia de la señorita distinguida y el mecánico . . .! ¡Apasionante!

Maribel ¡Carlos!

Carlos Está bien. Adiós, Maribel. No quiero competir con un mecánico. Tengo mi dignidad.

Maribel ¡Una reacción muy española!

Carlos Lo siento . . . soy español.

(*The telephone rings and Maribel answers it.*)

Maribel ¿Dígame? ¡Ah, hola Ramiro . . .! Sí. Por la tarde tengo tiempo. ¿Vamos al cine? Muy bien. Entonces, a las siete, en el café enfrente del cine. (*Carlos walks out of the room but Maribel does not notice*) Claro, Ramiro. Hasta luego.

WORDS AND PHRASES

tengo que hacer unas cosas	*I've got things to do*
¡Cuánta prisa!	*You're in a hurry!*
una cita	*a date*
el donjuán del coche blanco	*the 'Don Juan' with the white car*
¡Apasionante!	*How exciting!*
competir	*to compete*
por la tarde tengo tiempo	*I've got time in the evening*
entonces	*then, in that case*
enfrente del cine	*opposite the cinema*

EXPLANATIONS

Since this is mainly a revision programme, the scenes contain several constructions you have met earlier in the series. However, there are two important new items:

1 tengo *and* tiene

tengo *means 'I have'*
tiene *means 'he or she has' (or in the* usted *form 'you have')*

e.g. tengo un coche bonito	*I have a nice car*
tengo mi dignidad	*I've got my pride*
no tengo tiempo	*I haven't got time*
¿tiene un papel?	*have you got a piece of paper?*
no tiene coche*	*he hasn't got a car*

* *Notice that you don't need* un *here.*

2 'Why?' and 'Because'

¿Por qué?	*Why?*
Porque	*Because*
e.g. ¿Por qué no tiene tiempo?	*Why haven't you got time?*
Porque tengo que hacer unas cosas	*Because I've got things to do*

PRACTICE

Exercise 1   *Say that you have the following things*

un coche antiguo	Tengo un coche antiguo.
poco dinero	Tengo . . . .
un trabajo interesante	. . . .
una habitación pequeña	. . . .
muchas dificultades	. . . .
dos niños	. . . .

Exercise 2   *Answer these questions saying 'No, I haven't . . .'*

¿Tiene usted tiempo?	No, no tengo tiempo.
¿Tiene usted coche?	No, no tengo . . . .
¿Tiene usted hotel?	. . . .
¿Tiene usted habitación?	. . . .
¿Tiene usted niños?	. . . .
¿Tiene usted fuego?	. . . .
¿Tiene usted dinero?	. . . .

Exercise 3

You have just met a Spaniard, called señor López. Fill in your part of the following imaginary conversation.

Sr. López	Buenos días. ¿Cómo está usted?
Usted	....
Sr. López	Bien. ¿Es de Londres?
Usted	....
Sr. López	Y ¿qué profesión tiene Vd?
Usted	....
Sr. López	¿Tiene usted familia?
Usted	....
Sr. López	¿Tiene usted coche?
Usted	....
Sr. López	¿Tiene usted una casa, o un piso? (*flat*)
Usted	....
Sr. López	¿Quiere tomar un té, o prefiere café?
Usted	....
Sr. López	¿Con leche? ¿Y azúcar? (*sugar*)
Usted	....
Sr. López	¿Quiere usted fumar?
Usted	....
Sr. López	¿Tiene usted fuego?
Usted	....
Sr. López	Bueno, hasta la vista.
Usted	....

un hermano — *brother*
una hermana — *sister*
un niño — *child, little boy*
una niña — *child, little girl*

Exercise 4

Use the pictures to help you answer the following questions. Check your answers in the key at the back of the book.

a. ¿Dónde está la chica?

b. ¿Dónde está el teléfono?

c. ¿Dónde están los hombres?

d. ¿Dónde están los coches?

e. ¿De dónde es el señor Smith?

f. ¿De dónde son Juan y María?

g. ¿De dónde es el señor MacTavish?   h. ¿De dónde es el señor Dupont?

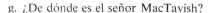

i. ¿Qué es Ramiro?   j. ¿Qué es Luisa?

k. ¿Qué es el señor Pérez?   l. ¿Qué es la señorita Fernández?

Exercise 5   *Describe the people and things in the pictures, choosing one of the adjectives given, e.g.* Lola es guapa.

guapa/fea
bueno/malo   El hotel
bonito/horrible
interesante/aburrido
difícil/fácil

Drácula

Zarabanda

El álgebra

KEY TO COMPREHENSION SCENE

Antonio, despite his promise to repair don Javier's car himself, bargains with Morán for the 'Taller Castilla' to do it. While Antonio is in Morán's office he learns that Ramiro is a talented mechanic. Ramiro goes to a café in the evening to meet Maribel before going to the cinema. Irene and some other wealthy friends of Maribel are there and are intrigued to learn that he works in a garage.

tiene un talento especial	*he has a special talent*
voy al cine	*I'm going to the cinema*
nosotros también vamos	*we're going too*
¿Cómo van las cosas?	*How are things going?*
hacer piezas nuevas	*to make new parts*
¿Eres aficionado a la mecánica?	*Are car engines your hobby?*

6 SEIS
How to talk about the time

SCENE A

The office of the Taller Castilla

Morán   Tiene que llevar el coche al 'Garaje Americano'.
Ramiro   ¿Cuándo?
Morán   En seguida.
Ramiro   Todavía tengo que terminar una cosa, señor Morán.
Morán   ¿Cuánto tiempo necesita?
Ramiro   Una hora.
Morán   ¿Una hora?
Ramiro   Bueno, quizá algo menos . . .
Morán   ¿Qué hora es?
Ramiro   Son las dos.
Morán   Bueno. Tiene media hora para terminar y otra media para llevar el coche. A las tres tiene que estar aquí de vuelta. ¿Entendido?
Ramiro   Entendido.
Morán   Pues, ¡hale! ¡A las tres en punto, aquí!

WORDS AND PHRASES

Tiene que llevar el coche al Garaje Americano	*You're to take the car to the 'Garaje Americano'*
¿cuándo?	*when?*
en seguida	*straight away*
todavía tengo que terminar una cosa	*I've still something to finish off*
¿Cuánto tiempo necesita?	*How long do you need?*
quizá algo menos	*perhaps a little less*
¿Qué hora es?	*What time is it?*
son las dos	*it's two o'clock*
media hora	*half an hour*
a las tres	*at three o'clock*
tiene que estar aquí de vuelta	*you're to be back here*
en punto	*on the dot*

SCENE B

Piquera de San Esteban – the village shop. Petra is waiting for a telephone call from Ramiro.

Petra   ¡Son ya las tres y cuarto!
Asunta   ¡Las telefonistas de Segovia trabajan poco! ¡Son muy lentas. . .! ¿Quiere tomar algo?
Petra   No, gracias, Asunta. Nada.

Asunta   Un café mientras espera . . .
Petra   No, gracias, no quiero nada ahora.

Segovia – the 'Teléfonos' building
Ramiro   ¡Por favor, la conferencia con Piquera! ¡Son más de las tres! ¡Son casi las tres y media!
Telephonist Lo siento, todavía no hay línea. Hay muchos que esperan.
Ramiro   ¿Tengo que esperar hasta el año que viene?
Telephonist Si usted quiere . . .
Ramiro   No espero más.
Telephonist Muy bien.
            (*Ramiro decides to wait and takes out his cigarettes*)
Ramiro   ¿Fuma usted?
Telephonist Gracias, no fumo mientras trabajo.
            (*Ramiro sits down again and the telephonist continues her work*) ¿A qué hora quiere la conferencia . . .? Sí . . . ¿a qué hora . . .? (*After a few moments, she calls Ramiro*)
            Piquera, al número uno.
Ramiro   (*On the telephone*) Hola, madre. ¿Cómo estás?
Petra   Bien, Ramiro, ¿y tú?
Ramiro   Muy contento. Ahora gano bastante dinero. ¿Necesitas algo?
Petra   No, hijo. No necesito nada.
Ramiro   ¿De verdad?
Petra   De verdad. ¿Trabajas mucho?
Ramiro   Ocho horas al día, nada más.

Telephonist Quiero Barcelona: el dos, dos, ocho, nueve, tres, siete, dos.

Ramiro   Ahora estoy en una pensión. Sí, sí, la comida también es buena . . . Pues, quizá el domingo que viene.
Telephonist Piquera, seis minutos.

WORDS AND PHRASES

¡Son ya las tres y cuarto!	*It's already a quarter past three!*
un café mientras espera	*a coffee while you wait*
no quiero nada ahora	*I don't want anything at the moment*
la conferencia	*trunk call*
¡Son más de las tres!	*It's past three o'clock*
¡Son casi las tres y media!	*It's almost half past three*
todavía no hay línea	*there's no line yet*
hay muchos que esperan	*there are a lot of people waiting*
hasta el año que viene	*until next year*
gano bastante dinero	*I'm earning enough money*
ocho horas al día, nada más	*only eight hours a day*
el domingo que viene	*next Sunday*

EXPLANATIONS

1 *How to ask and tell the time*

'What time is it?' is ¿Qué hora es? *To say 'It is . . . o'clock' you use the following pattern:*

¿**Qué hora es?** Es la una It's one o'clock
                 *Son las dos It's two o'clock
                Son las tres It's three o'clock
                Son las cuatro It's four o'clock

       * *Note that you use the plural form* son *for all numbers after 'one'.*

To express times between the hour and half-past the hour, you use y:

Es la	una	y cinco	*five past one*
Son las	cinco	y diez	*ten past five*
	siete	y cuarto	*quarter past seven*
	ocho	y veinte	*twenty past eight*
	nueve	y veinte y cinco	*twenty-five past nine*
	diez	y media	*half past ten*

To express time between half-past and the following hour, you use menos:

Es la	una	menos veinte y cinco	*twenty-five to one*
Son las	doce	menos veinte	*twenty to twelve*
	dos	menos cuarto	*quarter to two*
	tres	menos diez	*ten to three*
	cuatro	menos cinco	*five to four*

The following expressions are used to make clear what general time of day is meant:

        de la mañana   *in the morning*
        de la tarde   *in the afternoon/evening*
        de la noche   *at night*

2 *How to ask 'At what time?'*

               ¿A qué hora?

The answer could be:

        A las cuatro y media   *at 4.30*
        A la una de la tarde   *at 1 p.m.*
        A las diez de la mañana   *at 10 a.m.*
        A las once de la noche   *at 11 p.m.*

Notice also the following useful expressions connected with time which appear in the scenes:

en punto: *exactly*	son las cuatro en punto	*it's exactly four o'clock*
casi: *almost*	es casi la una y media	*it's almost half past one*
ya: *already*	son ya las dos	*it's already two o'clock*
más de: *after*	son más de las dos	*it's after two o'clock*

3 Talking to children, family and friends

You have already learnt the word usted *and the form of the verb which goes with it. If you are talking to people with whom you are on familiar terms, you use* tú *and a different form of the verb. In this programme all the examples end in* -as:

¿Cómo estás?	*How are you?*
¿Necesitas algo?	*Do you need anything?*
Trabajas mucho	*You're working hard*

4 ar- verbs

You may have noticed that many of the verbs you have met end in -ar *in the infinitive (i.e. the form in which they appear in a dictionary). Here is a table showing you the endings of one of the* -ar *verbs you have met so far.*

TOMAR – *to take*

	-o	tomo	*I*
	-as	tomas	*you (familiar)*
tom-	-a	toma	*he/she, you, it*
	-amos	tomamos	*we*
	-an	toman	*they, you (plural)*

Other -ar *verbs you have met are:*

esperar	– *to wait*	ganar	– *to earn*
fumar	– *to smoke*	necesitar	– *to need*
trabajar	– *to work*	terminar	– *to finish*

5 Numbers 1 to 60

1	uno	12	doce	23	veinte y tres
2	dos	13	trece	24	veinte y cuatro
3	tres	14	catorce	25	veinte y cinco
4	cuatro	15	quince	26	veinte y seis
5	cinco	16	diez y seis	27	veinte y siete
6	seis	17	diez y siete	28	veinte y ocho
7	siete	18	diez y ocho	29	veinte y nueve
8	ocho	19	diez y nueve	30	treinta
9	nueve	20	veinte	40	cuarenta
10	diez	21	veinte y uno	50	cincuenta
11	once	22	veinte y dos	60	sesenta

Note that diez y seis *can also be written* dieciséis *and* veinte y uno, veinte y dos *can also be written* veintiuno, veintidós, *etc.*

PRACTICE

Exercise 1   *Say that you aren't doing the things asked.*

¿Paga usted?	No, no pago.
¿Trabaja usted?	No, ...
¿Estudia usted?	. . . .
¿Fuma usted?	. . . .
¿Viaja* usted?	. . . .

* *From* viajar – *to travel.*

Exercise 2   *Say in Spanish what time the clocks show – the numbers up to 60 are set out on the facing page. You can check your answers in the key at the back of the book.*

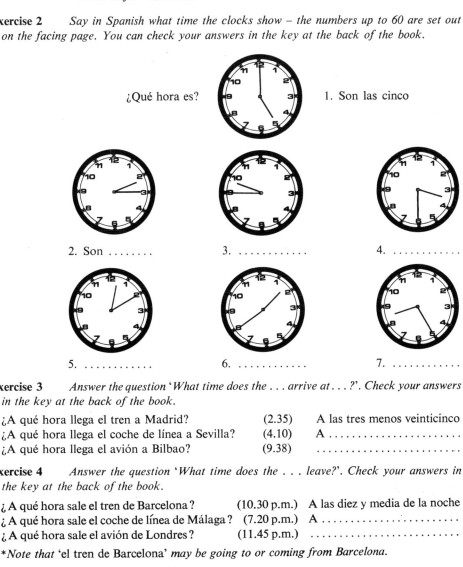

¿Qué hora es?   1. Son las cinco

2. Son . . . .   3. . . . .   4. . . . .

5. . . . .   6. . . . .   7. . . . .

Exercise 3   *Answer the question 'What time does the . . . arrive at . . . ?'. Check your answers in the key at the back of the book.*

¿A qué hora llega el tren a Madrid?	(2.35)	A las tres menos veinticinco
¿A qué hora llega el coche de línea a Sevilla?	(4.10)	A . . . .
¿A qué hora llega el avión a Bilbao?	(9.38)	. . . .

Exercise 4   *Answer the question 'What time does the . . . leave?'. Check your answers in the key at the back of the book.*

¿A qué hora sale el tren de Barcelona?	(10.30 p.m.)	A las diez y media de la noche
¿A qué hora sale el coche de línea de Málaga?	(7.20 p.m.)	A . . . .
¿A qué hora sale el avión de Londres?	(11.45 p.m.)	. . . .

*Note that 'el tren de Barcelona' *may be going to or coming from Barcelona.*

Exercise 5   *You will occasionally need to give (and understand) times based on the 24-hour clock. Practice this with the train timetable.*

> *e.g.* ¿A qué hora sale el tren de San Vicente?   A las diez y seis cero cinco.
> ¿A qué hora llega el tren a San Vicente?   A las diez y siete treinta y dos.

ESTACIONES	2873 Tran. 2-3	2875 5895 Tran. 2-3	2845 Ferro.	2885 Tran. 2-3	1719 1819 S.Dir. 2-3	2877 Tran. 2-3	5861 Tran. 2-3	2887 Tran. 2-3	2859 Tran. 2-3	2879 Tran. 2-3 ✠ ①
	(5)	(7)	(2)		(1)			(6)		(6)
*BARCELONA (T.) ✕ .... S..	16 05	17 —	17 40	17 50	18 10	19 05	20 —	20 40	21 10	2 —
P. de Gracia (ap.) ...	16 16	17 12	17 50	18 02	18 22	19 17	20 12	20 52	21 22	2 12
Sans	16 21	17 17	▸	18 07	18 28	19 22	20 18	20 57	21 27	2 17
Prat	16 31	17 27	▸	18 16	▸	19 32	▸	21 06	21 36	2 26
Gavá	16 39	17 35	▸	18 24	▸	19 40	▸	21 14	21 44	2 34
Castelldefels	16 44	17 40	▸	18 29	▸	19 45	▸	21 19	21 49	2 39
Playa Castelldefels (ap.)	16 47	17 43	▸	18 32	▸	19 48	▸	21 22	21 52	2 42
Garraf (apt.)	16 53	17 49	▸	18 38	▸	19 54	▸	21 28	21 58	2 48
Vallcarca (ap.)	16 57	17 53	▸ ▸	18 42	▸	19 58	▸	21 32	22 02	2 52
Sitges	17 03	17 59	18 25	18 48	19 04	20 04	20 50	21 38	22 08	2 58
Villanueva ✕	17 11	18 07	18 33	18 55	19 13	20 12	20 58	21 45	22 16	3 05
Cubellas	17 17	18 13	▸			20 18	21 04		22 22	
Segur de Calafell (ap.)	17 23	18 19	▸		▸	20 24	21 11		22 28	
Calafell	17 27	18 23	▸		19 26	20 28	21 15		22 32	
*SAN VICEN- {LL..	17 32	18 28	18 49		19 32	20 33	21 20		22 37	
TE ✕ .... {S..		18 29			19 42		21 22		22 38	

KEY TO COMPREHENSION SCENE

Remember, don't expect to follow every word of this section – just try and catch the general sense. In this programme, Vicente, who has been appointed Maribel's private tutor in mathematics, meets Maribel and her parents. Ramiro talks again to Antonio, the owner of the small garage, who says he needs an ambitious young man to help him with his business interests, which apparently extend to Madrid.

tengo una cita	*I have an appointment*
¿tampoco toma café?	*don't you drink coffee either?*
algunas veces	*sometimes*
Mi marido tiene ganas de conocerle	*My husband is looking forward to meeting you*
mi labor es eficaz	*my work gets results*
no tiene aspecto de casado	*you don't look married*
soy soltero	*I'm a bachelor*
no es mi único negocio	*it's not my only business*
estamos a doce de junio	*it's the 12th June today*
llego tarde	*I'm late*
media hora de retraso	*half an hour late*
pasado mañana	*the day after tomorrow*
¡Me va a matar!	*He's going to kill me!*
más despacio	*more slowly*
la modista me espera a las cinco	*the dressmaker's expecting me at 5 o'clock*
¡Conduce con cuidado!	*Drive carefully!*

7 SIETE
How to say what you are going to do

SCENE

The Taller Castilla. Ramiro is repairing a car. An elegant woman comes up to him.

Dolores Perdone, ¿está muy ocupado? (*Ramiro doesn't hear*) ¡Oiga, por favor! ¿tiene mucho trabajo?

Ramiro Sí, mucho. ¡Estos coches modernos . . .!

Dolores (*Disappointed*) ¡Vaya! ¡Usted también! ¡Nadie quiere arreglar mi coche!

Ramiro (*Gesturing towards workshop*) ¿No está el encargado?

Dolores Sí, pero no va a arreglar el coche hasta mañana . . .

Ramiro Es que hay mucho trabajo en este taller.

Dolores La reparación es muy sencilla y necesito el coche esta tarde.

Ramiro (*Going towards workshop*) Bueno, voy a pedir permiso.

Dolores (*Stopping him*) ¿Y por qué tiene que pedir permiso?

Ramiro ¿Dónde está el coche?

(Ramiro starts work on Dolores' car. Morán notices and calls him up to the office.)

Morán ¡A ver! ¿Qué es esto? ¿Qué coche tiene que arreglar hoy?

Ramiro El coche del americano.

Morán (*Pointing to Dolores' car*) ¿Y ése es el coche del americano?

Ramiro No, señor. Ese coche es de una señorita que . . .

Morán ¡Una mujer! ¡Ah, claro!

Ramiro (*Raising his voice*) Esa señorita necesita pronto el coche . . .

Morán ¡Y el otro cliente también!

Ramiro Muy bien. Voy a terminar en seguida . . .

Morán (*Stopping him*) ¿Qué va a hacer? ¿Quién es el jefe en este taller?

Ramiro Usted.

Morán Entonces, ¿por qué decide sin mi permiso?

Ramiro La reparación no tiene ninguna importancia . . .

Morán Yo decido si estas reparaciones tienen o no tienen importancia, ¿comprende? ¡Ahora mismo va usted a continuar su trabajo en el coche del americano!

Ramiro (*Firmly*) Lo siento, ahora voy a comer.

Morán (*Pointing to clock*) ¡Hombre, eso está bien! Son las doce menos diez. Los empleados comen a las doce.

Ramiro (*Rudely*) Sí, Morán, pero yo quiero comer ahora . . .

Morán ¿Cuántos años tiene usted?

Ramiro ¿Cómo . . .? Tengo veintitrés años.

Morán Tiene veintitrés años . . . y es un niño . . .

Ramiro Voy a comer.

Morán ¡Y yo voy a perder la paciencia!

WORDS AND PHRASES

Perdone, ¿está muy ocupado?	*Excuse me, are you very busy?*
¡Oiga, por favor!	*Excuse me!*
¡Nadie quiere arreglar mi coche!	*Nobody wants to repair my car!*
¿No está el encargado?	*Isn't the person in charge in?*
pero no va a arreglar el coche	*but he's not going to repair my car*
hasta mañana	*until tomorrow*
la reparación es muy sencilla	*the repair is very simple*
voy a pedir permiso	*I'm going to ask permission*
¡A ver! ¿Qué es esto?	*Look here! What's this?*
¿Y ése es el coche del americano?	*And is that car the American's?*
pronto	*soon*
¡Y el otro cliente también!	*And so does the other client!*
voy a terminar en seguida	*I'm going to finish at once*
¿Qué va a hacer?	*What are you going to do?*
entonces, ¿por qué decide	*then why are you taking decisions*
sin mi permiso?	*without my permission?*
ahora voy a comer	*I'm going to eat now*
¡eso está bien!	*that's a nice thing!*
¡Y yo voy a perder la paciencia!	*And I'm going to lose my patience!*

EXPLANATIONS

1 *How to say what you are going to do*

Use voy a *followed by a verb in the infinitive:*

Voy a	pagar	*I'm going to pay.*
	comer	*I'm going to eat.*
	salir	*I'm going (to go) out.*

Voy a	pagar la cuenta	*I'm going to pay the bill.*
	comer aquí	*I'm going to eat here.*
	salir de excursión	*I'm going (to go) on an excursion.*

Often you will wish to use expressions of time, e.g.

Voy a	pagar mañana	*I'm going to pay tomorrow.*
	comer a las dos	*I'm going to eat at two.*
	salir por la tarde	*I'm going (to go) out in the evening.*

If you want to say 'We're going to . . .', you say Vamos a . . .

If you want to say 'I'm not going to . . .', or 'We're not going to . . .' you simply say:

    No voy a . . .   No vamos a . . .

2 *How to say what others are going to do*

Va a . . .   *he/she is going to . . .* (*or in the* usted *form 'you are going to . . .'*)
Van a . . .   *they are going to . . .*

3 Yo

Remember that the words for 'I', 'you', 'they', etc., are not usually used with verbs because the idea of the person is contained in the ending of the verb. Usted *is sometimes used just to make quite clear who is being spoken to. The word for 'I',* yo, *is only used for emphasis. In the scene Morán says:*

Yo decido si estas reparaciones tienen importancia
I decide if these repairs are important

¡Y yo voy a perder la paciencia!
And I'm going to lose my patience!

4 *The verbs* ser *and* estar

SER	ESTAR
soy	estoy
eres	estás
es	está
somos	estamos
son	están

• *You have already seen how* ser *is used to describe where a person comes from, what his profession is, etc., whereas* estar *is used to say where someone or something is.* Está *is also used in the sense of someone being 'in':*

¿No está el encargado?   *Isn't the person in charge in?*
¿Está Juan?   *Is Juan in?*
No, no está.   *No, he's not in.*

Ser *is also used when describing a feature which is considered characteristic and lasting:*

Maribel es una chica inteligente.   *Maribel is an intelligent girl.*
Londres es grande.   *London is big.*

In contrast estar *is used to describe a feature which is considered temporary and subject to change:*

Estoy cansado.   *I'm tired.*
Estoy aburrido.   *I'm bored.*
Están enfermos.   *They're ill.* } *i.e. at the moment*
¿Está muy ocupado?   *Are you very busy?*

5 Another use of tener

You use the verb tener *to express your age:*

¿Cuántos años tiene usted?   *How old are you?*
Tengo veintitrés años.   *I'm twenty-three.*
Maribel tiene veinte años.   *Maribel is twenty.*

6 *How to say 'this', 'that', 'these', 'those'*

The word for 'this' with a noun is este. *The word for 'that' with a noun is* ese. *Both* este *and* ese *change in the feminine and plural forms:*

este coche	estos coches
esta señorita	estas señoritas
ese hotel	esos hoteles
esa maleta (*suitcase*)	esas maletas

The words for 'this' and 'that', when they do not refer to a specific object, are esto *and* eso, *e.g*

¿Qué es esto?	*What's this?*
Eso está bien.	*That's good.*

PRACTICE

Exercise 1   *Say what you are going to do, using the verbs given.*

comer	Voy a comer.
terminar	Voy a . . . . . .
telefonear	. . . .
bailar	. . . .
salir	. . . .
volver	. . . .

Exercise 2   *Now say what you are going to do and at what time.*

comer	(2.00)	Voy a comer a las dos.
terminar	(5.30)	Voy a terminar . . . . . .
telefonear	(12.15)	Voy a . . . .
bailar	(10.45)	. . . .
salir	(9.50)	. . . .
volver	(7.20)	. . . .

Exercise 3   *Insert either* voy a, va a, *or* van a *as appropriate to complete the following sentences. You can check your answers in the key at the back of the book.*

El mecánico . . . . arreglar el coche.
Los empleados . . . . comer a las doce.
Yo . . . . perder la paciencia.
Ramiro . . . . tomar una cerveza.
Las chicas . . . . ir a la discoteca.
Paco, ¿. . . . . usted . . . . ver la habitación?

Exercise 4   *Using the appropriate form of* este, esta, estos, estas, *complete the following sentences. Do the same with* ese, esa, esos, esas. *Check your answers in the key at the back of the book.*

Este coche es moderno.	Ese coche es moderno.
. . . . señorita es guapa.	. . . señorita es guapa.
. . . . calles son estrechas. (*narrow*)	. . . calles son estrechas.
. . . . libros son interesantes.	. . . libros son interesantes.
. . . . hotel es caro.	. . . hotel es caro.

Exercise 5   *Describe the following people or things using* ser *and the adjective given.*

Madrid	(grande)	Madrid es grande.
Mi amigo	(alto)	Mi amigo ....
El español	(fácil)	....
El inglés	(difícil)	....
Estas habitaciones	(pequeñas)	Estas habitaciones son pequeñas.
Los hoteles	(caros)	Los hoteles..................
Los cigarrillos	(baratos)	....
Estas revistas	(interesantes)	....

Exercise 6   *Describe the following people and things using* estar *and the adjective given.*

Mi marido	(aburrido)	Mi marido está aburrido.
Mi amiga	(triste)	Mi amiga ....
Mi habitación	(sucia (*dirty*))	....
Este café	(frío (*cold*))	....
Mis hijos	(enfermos)	Mis hijos están enfermos.
Los lavabos	(ocupados)	Los lavabos ....
Los turistas	(cansados)	....
Los hoteleros	(contentos)	....

KEY TO COMPREHENSION SCENE

In this programme Ramiro finally breaks with Morán and decides to go and work for Antonio. He meets Maribel near the Alcázar, the castle in Segovia. She tells him about her work for the examinations and about her teacher, Vicente. Ramiro tells her about changing his job. They go to a café where Maribel introduces Ramiro to Vicente. The two men discover they come from nearby towns.

ahora mismo voy a dejar este empleo	*I'm going to leave this job right now*
estoy cansado de esto	*I'm tired of this*
no es asunto suyo	*it's not your business*
¿Tiene todavía ese trabajo?	*Do you still have that job?*
¿Cuándo voy a empezar?	*When am I going to start?*
tiene unos treinta años	*he's about thirty*
¿Vamos a dar un paseo?	*Shall we go for a walk?*
¿Otro empleo ya?	*Another job already?*
¡Progresas muy de prisa!	*You're making fast progress!*
¡Enhorabuena!	*Congratulations!*
¡Qué casualidad!	*What a coincidence!*
te voy a presentar a mi profesor	*I'm going to introduce you to my teacher*
¿Aprende mucho su alumna?	*Is your pupil learning a lot?*
somos casi vecinos	*we're almost neighbours*
¿por qué no nos tratamos de 'tú'?	*why don't we address each other as 'tú' (i.e. the familiar form of 'you')*
algún día	*some day*
¿Estás casado?	*Are you married?*

8 OCHO
How to express like and dislike

The office of the 'Garaje Americano'. Antonio is on the telephone. Ramiro has changed out of his working clothes, ready to leave.

Antonio ...¿Por qué no? Es una oferta interesante... De acuerdo. Adiós. (*To Ramiro*) Mañana vamos a tener otro trabajo. Llegan dos coches.

Ramiro Eso está bien.

Antonio ¡Qué camisa tan bonita! ¿Es nueva?

Ramiro Sí. ¿Le gusta?

Antonio Me gusta el color.
(*Vicente enters the garage*)

Ramiro Es mi amigo Vicente. (*He leaves the office and joins Vicente in the garage*) ¡Hola, Vicente! ¿Cómo van las cosas?

Vicente Bien. Me gusta este garaje.

Ramiro No está mal.

Vicente ¿Qué tal el jefe?

Ramiro ¿Don Antonio? Es un hombre muy amable. Me gusta su carácter. (*Vicente picks up a tool*) ¡Cuidado!

Vicente ¡Vaya! ¿Dónde está el lavabo?

A street in Segovia. Vicente and Ramiro stop in front of a school.

Vicente Trabajo en este instituto.

Ramiro Es grande. ¿Hay muchos estudiantes?

Vicente Más de trescientos.

Ramiro Un trabajo duro, ¿no?

Vicente Me gusta la enseñanza.

Ramiro ¿Cuánto dinero ganas al mes?

Vicente No mucho.

Ramiro ¿Y no tienes más ambiciones?

Encarna's bar. Vicente and Ramiro look for a table.

Encarna ¿Aquí, Ramiro?

Ramiro No, no me gusta esta mesa. Allí. (*He goes over to another table.*)

Encarna ¿Unas aceitunas?

Ramiro ¿Vicente?

Vicente No gracias. No me gustan las aceitunas.

Ramiro Aquí mi amigo Vicente.

Encarna Encantada.

WORDS AND PHRASES

¿Por qué no?	*Why not?*
es una oferta interesante	*it's an interesting offer*
vamos a tener otro trabajo	*we're going to have another job*
¿Le gusta?	*Do you like it?*
me gusta el color	*I like the colour*
¿Cómo van las cosas?	*How are things going?*
muy amable	*very friendly*
¿Dónde está el lavabo?	*Where is the toilet?*
me gusta la enseñanza	*I like teaching*
¿Cuánto dinero ganas al mes?	*How much do you earn a month?*
no me gusta esta mesa	*I don't like this table*
¿Unas aceitunas?	*Would you like some olives?*
No me gustan las aceitunas	*I don't like olives*

EXPLANATIONS

1 *How to say 'I like ...'*

Use me gusta . . .   (*literally: it pleases me*
    me gustan . . .   *they please me*)

Me gusta	el color	*I like the colour.*
	este garaje	*I like this garage.*
	su casa	*I like your house.*

Notice that you use gustan *when referring to liking things in the plural.*

Me gustan	los niños	*I like children.*
	los españoles	*I like the Spanish.*
	las minifaldas	*I like mini-skirts.*

To say 'I don't like . . .', you simply put no *in front of the verb, e.g.*

No me gusta la cerveza.	*I don't like beer.*
No me gustan las gambas.	*I don't like prawns.*

2 How to say 'Do you like . . . ?'

Use ¿Le gusta . . .? (*literally: Does it please you?*
¿Le gustan . . .?   *Do they please you?*)

| ¿ | **Le gusta** | su hotel
la comida
la playa | ? |

| ¿ | **Le gustan** | las tortillas
los bikinis
las discotecas | ? |

3 How to say 'Don't you like . . . ?'

¿No le gusta el vino?
¿No le gustan las aceitunas?

4 Useful expressions

demasiado	*too*
muy	*very*
más	*more*
no está mal	*it isn't bad*

e.g. ¿Le gusta la camisa?   Sí, es muy elegante.
¿Le gustan las minifaldas?   No, son demasiado cortas. (*short*)
¿Le gusta el vermut?   Sí, pero me gusta más el jerez. (*sherry*)
¿Le gusta este disco?   No está mal.

5 How to say 'my', 'your', etc.

mi	*my*
tu	*your* (*familiar form*)
su	*his/her/your/their*

mi coche	mis coches
tu coche	tus coches
su coche	sus coches

These forms don't change with feminine nouns:

mi maleta	mis maletas
tu maleta	tus maletas
su maleta	sus maletas

The word for 'our' is nuestro. This does change with feminine nouns, following the pattern of other adjectives ending in 'o':

| nuestro coche | nuestros coches |
| nuestra maleta | nuestras maletas |

PRACTICE

Exercise 1 Say that you don't like the following:

este restaurante	No me gusta este restaurante.
la habitación	No me gusta . . . .
el trabajo	. . . .
el calor (heat)	. . . .
el frío (cold)	. . . .
las aceitunas	No me gustan las aceitunas.
los coches americanos	No me gustan . . . .
las clases de español	. . . .
las novelas modernas	. . . .

Exercise 2 Ask 'Do you like . . . ?' and answer 'Yes, I like it/them very much.'

Madrid	¿Le gusta Madrid?	Sí, me gusta mucho.
el hotel	¿Le gusta el hotel?	Sí, ...
el pescado	¿. . . . .?	. . . .
el vino	¿. . . . .?	. . . .
la paella	¿. . . . .?	. . . .
los bikinis	¿Le gustan los bikinis?	Sí, me gustan mucho.
las discotecas	¿. . . . .?	Sí, ...
las minifaldas	¿. . . . .?	. . . .
los españoles	¿. . . . .?	. . . .

Exercise 3 Answer the questions, saying you like something else better.

¿No le gusta el vino?	(la cerveza)	Sí, pero me gusta más la cerveza.
¿No le gusta el café?	(el té)	Sí, pero me gusta más . . . .
¿No le gusta el hotel?	(la pensión)	Sí, ...
¿No le gusta Marbella?	(Sitges)	. . . .
¿No le gusta el pescado?	(la carne)	. . . .

Exercise 4   *Answer the question by each drawing.*

e.g. ¿Le gusta esta falda?
No, no me gusta. Es demasiado corta.

¿Le gusta esta falda?   ¿Le gusta esta otra falda?

¿Le gustan estas sandalias?

¿Le gustan estas otras sandalias?

You may find these words useful:

muy	– *very*
demasiado	– *too*
adjectives:	
bonito	– *nice, pretty*
feo	– *ugly*
elegante	– *elegant*
corto	– *short*
largo	– *long*
moderno	– *modern*
anticuado	– *old fashioned*
atractivo	– *attractive*

¿Le gusta este vestido?   ¿Le gusta este otro vestido?

¿Le gustan estas camisas?

¿Le gustan estas otras camisas?

KEY TO COMPREHENSION SCENE

Ramiro tells Encarna about his new job. He telephones Maribel during one of her lessons. She tells Vicente that it's her aunt 'phoning to turn down an invitation to a concert that evening. Maribel offers Vicente the ticket instead. Later she calls in at the garage to tell Ramiro she's not free that evening because she's going out with someone else.

Queremos una botella de Rioja	*We want a bottle of 'Rioja' wine*
¿Celebran algo?	*Are you celebrating something?*
¿Comes aquí con frecuencia?	*Do you often eat here?*
me gusta venir de vez en cuando	*I like coming from time to time*
¿Está sin empleo?	*Haven't you got a job?*
¿Qué hay de cena?	*What is there for dinner?*
una novia nueva	*a new girlfriend*
(la) carne	*meat*
(el) pescado	*fish*
a tu salud	*your health*
estoy solo aquí	*I'm alone here*
¿Malas noticias?	*Bad news?*
mi tía Rosita no quiere ir	*my Aunt Rosita doesn't want to go*
al concierto	*to the concert*
Tengo dos entradas	*I've got two tickets*
¿Por qué no viene conmigo?	*Why don't you come with me?*
voy a estar poco tiempo aquí	*I'm not going to be here long*
¿Qué tal está su hermano?	*How's your brother?*

9 NUEVE
Shopping and ordering

SCENE

A stationer's

Salesman   Buenas tardes, señorita.

Maribel   Hola, buenas tardes. Quisiera una pluma estilográfica.

Salesman   ¿Una estilográfica? Perfectamente. ¿Qué marca prefiere?

Maribel   Pues, no tengo idea . . . Quisiera ver algunos modelos.

Salesman   ¡Desde luego! (*Fetches a tray of pens*)

Maribel   (*Picking one up*) ¿Cuánto vale ésta?

Salesman   Trescientas cincuenta (350) pesetas.

Maribel   ¿Y ésta? ¿Cuánto vale?

Salesman   Esa es de oro. Naturalmente es un poco más cara. Seisciéntas (600) pesetas. Tenemos plumas más baratas. Esto es lo más moderno en estilográficas de señora y sólo vale trescientas (300) pesetas.

Maribel   No está mal; pero . . . la pluma no es para mí.

Salesman   ¡Ah! ¿Es para un caballero?

Maribel   Sí. Quisiera algo sencillo y elegante.

Salesman   Sencillo y elegante . . . Tiene usted razón, señorita . . . (*He shows her another*)

Maribel   No me gusta mucho . . . Quisiera una pluma de otro color.

Salesman   La quiere de otro color. Naturalmente. (*He finds some more pens*) Tenemos estilográficas de todos los colores. Las tenemos rojas, azules, blancas . . .

Maribel   Prefiero una pluma negra.

Salesman   Negra, claro.

A tea room

Waitress   ¿Quiere tomar algo, doña Teresa?

Teresa   Gracias, pero voy a esperar a mi hija. ¡Ah!, ahí está. (*Maribel approaches*) Quisiera un té.

Waitress   ¿Cómo lo quiere?

Teresa   Como siempre, con leche y azúcar.

Waitress   ¿Y usted, señorita?

Maribel   Yo también quisiera tomar un té.

Waitress   ¿Lo toma con limón?

Maribel   Sí, por favor.

Waitress   ¿Unos pasteles? Son muy buenos.

Teresa   No, gracias. (*To Maribel*) Tengo que guardar la línea.

Waitress   ¿Y usted, señorita?

Maribel   No, gracias. (*Waitress turns away*)

Teresa   Por favor, quisiera ver esos pasteles. (*To Maribel*) Quizá una cosita ligera . . . (*The waitress returns with a trolley laden with very rich cakes*) ¿De qué son?

Waitress (*Pointing to various types*) Son de crema, de nata . . .
Teresa No.
Waitress . . . de chocolate . . .
Teresa ¡No!
Maribel (*To waitress*) Yo quisiera un par de pasteles de chocolate.
Waitress ¿Y usted, señora?
Maribel Tienen poco chocolate, mamá.
Teresa Yo no los tomo . . . Bueno, un pastel de crema. Eso es todo.

WORDS AND PHRASES

quisiera una pluma estilográfica	*I'd like a fountain pen*
perfectamente	*certainly*
¿Qué marca prefiere?	*Which make would you prefer?*
quisiera ver algunos modelos	*I'd like to see several models*
¡Desde luego!	*Of course!*
¿Cuánto vale ésta?	*How much is this one?*
ésa es de oro	*that one's gold*
tenemos plumas más baratas	*we have cheaper pens*
lo más moderno	*the latest thing*
y sólo vale . . .	*and it only costs . . .*
no es para mí	*it's not for me*
¿Es para un caballero?	*It's for a gentleman?*
tiene usted razón	*you're right*
la quiere de otro color	*you want it in another colour*
las tenemos	*we have them*
rojo	*red*
azul	*blue*
blanco	*white*
negro	*black*
voy a esperar a mi hija	*I'm going to wait for my daughter*
quisiera un té	*I'd like a tea*
¿Cómo lo quiere?	*How would you like it?*
Como siempre, con leche y azúcar	*As usual, with milk and sugar*
¿Lo toma con limón?	*Do you take lemon?*
unos pasteles	*cakes*
guardar la línea	*watch my figure*
una cosita	*a little something*
ligero	*light*
de crema	*vanilla cream*
de nata	*cream*
un par	*a couple*
yo no los tomo	*I don't want any*

EXPLANATIONS

1 *How to say 'I would like . . .'*

Quisiera	una pluma estilográfica	I'd like a fountain pen.
	un té con limón	I'd like a lemon tea.
	un pastel de chocolate	I'd like a chocolate cake.

| Quisiera | tomar un café | I'd like a coffee. |
| | ver algunos modelos | I'd like to see some different kinds. |

2 *How to ask if they have . . .*

¿	Tienen ustedes	algo más barato	?	Have you got anything cheaper?
		otros colores		Have you got any other colours?
		modelos diferentes		Have you got any different types?

3 *How to ask the price*

| ¿ | Cuánto | vale | ? | How much is it? |
| | | valen | | How much are they? |

4 *How to ask what it all comes to*

¿Cuánto es todo?

5 *Expressions to recognise*

¿Qué desea?
¿En qué puedo servirle? ⎫ *Can I help you?*
Usted dirá ⎭

¿Le atienden ya?   *Are you being served?*

And then:	¿Cómo lo quiere?	*How would you like it?*
	¿De qué clase?	*What sort?*
	¿Cuánto(s) quiere?	*How much?/How many?*
	¿De qué marca?	*What make?*
	¿De qué talla? ⎫	
	¿De qué medida? ⎬	*What size?*
	¿De qué tamaño? ⎭	
	¿De qué color?	*What colour?*

6 'It' and 'them'

The Spanish word for 'it' can be either lo *or* la. *This depends on whether it stands for a masculine or feminine noun.*

> *'it' for masculine nouns* =lo
> *'it' for feminine nouns* =la

e.g. Quisiera un taxi.   ¿A qué hora lo quiere?

      Quisiera una pluma.   ¿De qué color la quiere?

> *'them' for masculine nouns* =los
> *'them' for feminine nouns* =las

e.g. Quisiera dos tés.   ¿Cómo los quiere?

      Quisiera unas gafas de sol. ¿De qué clase las quiere?

      (sunglasses)

Notice that the words for 'it' and 'them' go immediately before the verb, even in the negative.

e.g. No lo quiero.   *I don't want it.*

      No los necesito.   *I don't need them.*

If you use a verb followed by an infinitive, however, you can say

either: Lo quisiera ver.   *I would like to see it.*

   or: Quisiera ver**lo**.   *I would like to see it.*

7 The personal 'a'

You will notice that in the second scene Teresa says:

> Voy a esperar **a** mi hija.   *I'm going to wait for my daughter.*

However, had she been waiting for the bus, she would have said:

> Voy a esperar el autobús.

Similarly you would say:

> Tengo que ver **a** mis padres.   *I have to see my parents.*
>
> *but* Tengo que ver los monumentos.   *I have to see the monuments.*
>
> Vamos a visitar **a** Luisa.   *We're going to visit Luisa.*
>
> *but* Vamos a visitar la catedral.   *We're going to visit the cathedral.*

The personal 'a' is used in Spanish when the verb is followed by a proper name or by a noun referring to a person or persons.

PRACTICE

Exercise 1   *Answer the question ¿Qué desea usted?*

¿Qué desea usted?   (una cerveza)   Quisiera una cerveza.
                     (unas postales)   Quisiera . . . .
                     (un sombrero)   . . . .
                     (unas aspirinas)   . . . .
                     (un plano de la ciudad) . . . .
                     (unas gafas de sol)   . . . .
                     (una bolsa (*a bag*))   . . . .

Exercise 2   *Query the customer's order by asking 'How would you like it/them?'. Be careful in using* lo, la, los, las. *Check your answers in the key at the back of the book.*

Quisiera un sombrero.   ¿Cómo lo quiere?
Quisiera una camisa.   ¿Cómo la . . . . . .?
Quisiera unas postales.   ¿Cómo . . . .?
Quisiera unos zapatos. (*shoes*)   ¿. . . . .?
Quisiera un mapa.   ¿. . . . .?
Quisiera una blusa. (*blouse*)   ¿. . . . .?
Quisiera unas sandalias. (*sandals*) ¿. . . . .?

Exercise 3   *Ask 'How much is that . . .?/are those . . .?' Check your answers in the key at the back of the book.*

el sombrero   ¿Cuánto vale ese sombrero?
la camisa   ¿Cuánto vale esa . . . .?
el bañador (*bathing costume*)   ¿. . . . .?
la bolsa   ¿. . . . .?
el vestido   ¿. . . . .?
los pantalones (*trousers*)   ¿Cuánto valen esos pantalones?
las sandalias   ¿Cuánto valen esas . . . .?
los zapatos   ¿. . . . .?
las gafas de sol   ¿. . . . .?

Exercise 4   *Say what you're going to do.*

¿A quién va a ver?   (mi jefe)   Voy a ver a mi jefe.
¿A quién va a esperar?   (Luisa)   Voy a esperar a . . .
¿A quién va a visitar?   (mi madre)   . . . .
¿A quién va a llevar? (*to take*) (mi amiga)   . . . .
¿A quién va a llamar? (*to ring up*) (Juan)   . . . .
¿A quién va a ayudar? (*to help*) (su marido)   . . . .

Exercise 5 *Invent conversations between the shop assistants and the customers in the shop in the drawing.* *e.g.* Shop assistant ¿Qué desea?
Customer Quisiera unos zapatos.
Shop assistant ¿Cómo los quiere?
Customer Negros.
Shop assistant ¿Le gustan éstos?
Customer Sí, ¿cuánto valen? *etc.*

KEY TO COMPREHENSION SCENE

Doña Teresa has learnt that Vicente accompanied Maribel to a concert, and warns her daughter that people will talk. Ramiro discusses this same concert with Vicente and says that Maribel is obviously in love with him.

Antonio has a visit from Ernesto, a business acquaintance from Madrid. Ernesto says that the 'car business' is steady, but that he has much more ambitious projects. When Antonio asks nervously about danger and the police, Ernesto reassures him and expresses interest in Ramiro.

In the last scene, Maribel gives Vicente a present for his 'santo' (saint's day).

la gente de Segovia	*people in Segovia*
provinciano/a	*provincial*
tienes que mantener la distancia	*you must keep your distance*
¿Estás enfadado?	*Are you angry?*
Maribel está enamorada de ti	*Maribel is in love with you*
el negocio de los coches es estable	*the car business is steady*
¿Voy a participar yo?	*Am I going to take part?*
¿Hay peligro?	*Is it dangerous?*
su santo	*your saint's day*
este pequeño regalo	*this small present*
regalos de mis alumnos	*presents from my pupils*

10 DIEZ
Revision

EXPLANATIONS

er *and* **-ir** *verbs*

In programme 6 we showed you a table of endings for verbs ending in -ar *in the infinitive. There are two other main verb patterns: for verbs ending in* -er *in the infinitive and* -ir *in the infinitive. You will notice that the endings are often the same:*

COMER – *to eat* VIVIR – *to live*

com-			viv-		
-o	como		-o	vivo	*I*
-es	comes		-es	vives	*you (familiar)*
-e	come		-e	vive	*he/she, you, it*
-emos	comemos		-imos	vivimos	*we*
-en	comen		-en	viven	*they, you (plural)*

Some other verbs which have the same pattern are:

beber – *to drink*   abrir – *to open*
vender – *to sell*   escribir – *to write*
leer – *to read*   recibir – *to receive*

So, for example, you could say:

Vivo en una pensión.   *I'm living in a boarding-house.*
¿Escribes a Inglaterra?   *Are you writing to England?*
Juan lee un periódico.   *Juan is reading a newspaper.*
¿Qué bebe usted?   *What are you drinking?*
Vivimos en el centro.   *We live in the centre.*
Comemos siempre en este restaurante. *We always eat in this restaurant.*
Mis amigos reciben todos los días   *Every day my friends get letters*
  cartas de Inglaterra.   *from England.*

PRACTICE

Exercise 1   *Use the verbs listed to make sentences saying what you do. You can check your answers in the key at the back of the book.*

escribir   Escribo muchas postales.
comer   . . . . siempre en el hotel.
recibir   . . . . cartas todas las mañanas.
leer   . . . . periódicos españoles.
vivir   . . . . en Londres.

Now say that 'we' do the following things:

escribir	Escribimos muchas postales.
comer	. . . . siempre en el hotel.
recibir	. . . . cartas todas las mañanas.
leer	. . . . periódicos españoles.
vivir	. . . . en Londres.

Exercise 2 *Answer these questions. You can check your answers in the key at the back of the book.*

¿Qué hace Luisa?
(leer – *to read*)

Lee un periódico.

¿Qué hace Juan?
(escribir – *to write*)

. . . .

Miss Elena Joy
3 Barlow Road
LONDON S.E.5

¿Dónde vive Elena?

. . . .

¿Qué vende el señor Rodríguez?

. . . .

¿Qué hace la secretaria?
(abrir – *to open*)

. . . .

Exercise 3 *Complete these dialogues. Check your answers in the key at the back of the book.*

tomar	¿Qué toman ustedes?	Tomamos café con leche.
necesitar	¿Qué . . . . . . ustedes?	. . . . unas sandalias.
estudiar	¿ . . . .?	. . . . matemáticas.
fumar	¿ . . . .?	. . . . tabaco negro.
comprar	¿ . . . .?	. . . . sellos.
buscar (*to look for*)	¿ . . . .?	. . . . las maletas.

lunes 1.00 Comer con el Sr. Fernández	*viernes* 7.30 Ir a ver a María
martes 3.30 Ir a la agencia de viajes	*sábado* 6.00 Hacer las maletas
miércoles 9.30 Cenar con Carlos	*domingo* 8.00 Ir a Madrid
jueves 8.45 Visitar a mi madre	

Exercise 4   *Answer the question 'What are you going to do on . . .?', using the diary.*

¿Qué va a hacer el lunes? (*Monday*)   Voy a comer con el señor Fernández a la una.
¿Qué va a hacer el martes? (*Tuesday*)   Voy a . . . . a las tres y media.
¿Qué va a hacer el miércoles? (*Wednesday*)   . . . .
¿Qué va a hacer el jueves? (*Thursday*)   . . . .
¿Qué va a hacer el viernes? (*Friday*)   . . . .
¿Qué va a hacer el sábado? (*Saturday*)   . . . .
¿Qué va a hacer el domingo? (*Sunday*)   . . . .

Exercise 5   En la agencia de viajes.

You are in a travel agency, booking a ticket. Make up the answers to the questions.

Empleado   ¿Buenos días. Qué desea usted?
Usted   Quiero ir a . . . .
Empleado   ¿En tren o en avión?
Usted   . . . .
Empleado   ¿Prefiere ir de día o de noche?
Usted   . . . .
Empleado   ¿A qué hora quiere salir?
Usted   . . . .
Empleado   ¿Qué clase prefiere, primera o segunda?
Usted   . . . .
Empleado   ¿Quiere billete de ida y vuelta (*return*) o solamente de ida? (*single*)
Usted   . . . .
Empleado   Aquí tiene su billete.
Usted   . . . .

Exercise 6   *You have invited a friend out to tea in a cafeteria. Give the waiter your order by completing the phrases.*

Camarero	Usted
¿Qué desean ustedes?	Yo . . . . un té.
¿Con limón o con leche?	. . . .
Y ¿algo de comer?	. . . . pasteles.
¿De chocolate, de nata, o de crema?	. . . .
¿Algo más?	Para mí no, pero mi amiga . . . . . . jerez.
¿Cómo lo quiere, seco o dulce?	. . . .
Y ¿algo de comer?	. . . . . . un poco de tarta de fruta.
¿De manzana o de melocotón?	. . . .
(*apple or peach*)	
¿Algo más?	No, ...

KEY TO COMPREHENSION SCENE

Ramiro takes Dolores' car for a test drive and discovers the brakes are faulty. Since she needs to be in Madrid next day, he agrees to drive her there. Antonio arranges for him to pick up a car from Ernesto in Madrid and bring it back to Segovia.

Maribel embarrasses Vicente by refusing to concentrate on the lesson and by trying to persuade him to go swimming. She succeeds, but they're seen by a friend of her mother's.

Quisiera probarlo en la carretera	I'd like to test it out on the road
está distraída	you're not concentrating
desde luego	of course
vamos a empezar desde el principio	we're going to start again from the beginning
¿Vamos mañana a la piscina, cariño?	Shall we go to the swimming pool tomorrow, darling?
según el periódico	according to the newspaper
más de treinta grados	over 30 degrees (centigrade)
los frenos no están bien	the brakes aren't in good condition
¡Eso es peligroso!	That's dangerous!
usted es un conductor estupendo	you're a marvellous driver
no hay inconveniente	there's no reason why not
¿Quiere usted traer mañana el coche de ese señor?	Will you bring back that man's car tomorrow?
estás preocupado	you're worried
quiero saber por qué	I want to know why
tu madre sospecha algo	your mother suspects something
¿Me quieres o no?	Do you love me or not?

11 ONCE
How to ask permission

EXPLANATIONS

1 How to ask 'May I . . .?' 'Can one . . .?', etc.

Use ¿ Se puede . . .? *followed by an infinitive, e.g.*

¿	**Se puede**	fumar aparcar telefonear	aquí	?

Literally ¿ Se puede . . .? *means* 'Can one . . .?', *so you can use this same impersonal form to ask* 'May I . . .?' *or* 'May we . . .?' *e.g.,* ¿ Se puede pasar? *May I/we come in?*

2 How to say something isn't allowed

Use No se puede . . . *followed by an infinitive, e.g.*

No se puede	cruzar por aquí fumar aquí aparcar aquí

You can't cross here.
You can't smoke here.
You can't park here.

On signs and notices you will see Prohibido . . . *or* Se prohibe . . ., *e.g.*

Prohibido fumar   *No smoking*
Se prohibe la entrada   *No entry*
Prohibido pisar el césped   *Keep off the grass*

3 *encontrar, poder, dormir*

These verbs are not 'regular' like the -ar, -er and -ir verbs you have learnt so far, even though their endings stay the same. They are known as 'radical-changing verbs' because the root or stem of the verb changes in certain forms. In these three verbs the 'o' in the stem changes to 'ue' in most forms, like this:

$$\left.\begin{array}{l} \text{encontr-ar} \\ \text{pod-er} \\ \text{dorm-ir} \end{array}\right\} \text{o} \rightarrow \text{ue} \left\{\begin{array}{l} \text{encuentro} \\ \text{puedo} \\ \text{duermo} \end{array}\right.$$

Here are the full forms:

ENCONTRAR *to meet, find*	PODER *to be able*	DORMIR *to sleep*	
encuentro	puedo	duermo	*I*
encuentras	puedes	duermes	*you (fam.)*
encuentra	puede	duerme	*he/she/you*
encontramos*	podemos*	dormimos*	*we*
encuentran	pueden	duermen	*they/you (plural)*

* *Notice that the 'we' form is regular.*

Other verbs that behave in the same way are:

jugar (jueg-)	*to play*
costar (cuest-)	*to cost*
recordar (recuerd-)	*to remember*
almorzar (almuerz-)	*to have lunch*
volver (vuelv-)	*to come back/go back*

e.g. Esta falda cuesta doscientas pesetas.   *This skirt costs 200 pesetas.*
Almuerzo siempre en el hotel.   *I always have lunch in the hotel.*
Mis amigos vuelven mañana.   *My friends are returning tomorrow.*

In earlier chapters you have seen a different type of radical changing verb:

$$\left.\begin{array}{l} \text{cerr-ar} \\ \text{quer-er} \\ \text{prefer-ir} \end{array}\right\} \text{e} \rightarrow \text{ie} \left\{\begin{array}{l} \text{cierro} \\ \text{quiero} \\ \text{prefiero} \end{array}\right.$$

In the vocabulary at the back of the book radical-changing verbs are indicated:

dormir (ue), preferir (ie).

PRACTICE

Exercise 1   *Ask if you are allowed to do the following:*

telefonear	¿ Se puede telefonear aquí ?
comer	¿ Se puede . . . . ?
esperar	¿ . . . . ?
fumar	¿ . . . . ?
beber	¿ . . . . ?
jugar	¿ . . . . ?

Exercise 2   *Say 'I can't . . .' in answer to the following questions:*

¿Puede usted salir?	(esta tarde)	Esta tarde no puedo salir.
¿Puede usted aparcar?	(aquí)	Aquí no puedo . . . .
¿Puede usted venir?	(por la mañana)	. . . .
¿Puede usted volver?	(el lunes)	. . . .
¿Puede usted pagar?	(ahora mismo)	. . . .
¿Puede usted cenar?	(esta noche)	. . . .

Exercise 3   *Complete the following statements with the verbs provided. Check your answers in the key at the back of the book.*

almorzar	Mis amigos almuerzan a las dos.
dormir	Los niños no . . . . bien en el hotel.
cerrar	Esta oficina . . . . a la una.
volver	Juan y José. . . . . esta tarde.
poder	¿ . . . . venir sus padres?
costar	Los cigarrillos . . . . quince pesetas.
preferir	Los ingleses . . . . el té.
encontrar	Los españoles. . . . . difícil el inglés.

KEY TO COMPREHENSION SCENE

Ramiro meets Ernesto and his colleague, Gálvez, in Madrid. They suggest there's money to be made in Madrid for someone prepared to take risks. Ernesto tells Ramiro he should collect the car for delivery to Segovia at midnight.

Maribel's parents tell her they're taking her to France away from Vicente. They dismiss Vicente.

¿Puede usted recogerlo a las doce?	*Can you collect it at twelve?*
(la) medianoche	*midnight*
Yo quisiera progresar	*I'd like to get on*
Hay que tener valor	*You've got to be brave*
claro que puedo manejarlo	*of course I can handle him*
Voy a casarme con él	*I'm going to marry him*
¿Estás loca?	*Are you crazy?*
¿Cuánto le debo?	*How much do I owe you?*
no le entiendo	*I don't understand you*
un donjuán indecente	*an unscrupulous Don Juan*
no lo vamos a discutir	*we're not going to discuss it*
Usted no vuelve más a esta casa	*You're never to return to this house*
la culpa no es suya	*it's not your fault*

12 DOCE
How to ask a favour

SCENE

Maribel's garden. She is lying in a deckchair listening to the radio. The maid appears

Maid   ¡Señorita Maribel! La modista está esperando.

Maribel   Estoy ocupada.

Maid   Por favor, señorita, tiene que probarse un vestido. La señora quiere ...

Maribel   Estoy ocupada, Aurora; lo siento.

Inside the house, Teresa is trying on a new dress

Teresa   Sí ... sí, me gusta.

Dressmaker   ¿Me hace el favor de levantar los brazos?

Teresa   ¿Así?

Dressmaker   Así, muy bien. (*Adjusts fit*) Muy bien. (*Begins to help Teresa to remove the dress*)

Teresa   Espere. Quisiera la falda un poquito más corta ...

Dressmaker   ¿Un centímetro ...? (*There is a knock at the door and the maid enters*)

Teresa   ¿Y mi hija?

Maid   Está ocupada, señora.

Teresa   ¿Ocupada?

Maid   Bueno, está en el jardín. Está descansando.

Teresa   ¡Ah! (*Door bell rings. To dressmaker*) Quizá centímetro y medio ...

Dressmaker   (*To maid*) ¿Me hace el favor de darme esa caja?

Maid   (*Bringing her the box*) Tome.

Dressmaker   Gracias. (*The door bell rings again*)

Teresa   ¿Quiere abrir la puerta, Aurora? Están llamando.

Maribel is on the 'phone

Maribel   ¡Oiga! ¿Me hace el favor de llamar al señor Santana? ... Bien, gracias. (*She hangs up as the maid comes in with a big cardboard box*)

Maid   Un paquete para usted, de París. (*She puts it on a table and Maribel glances at it without interest*)

Maribel   No deje aquí la caja.

Maid   ¿Adónde la llevo?

Maribel   A mi habitación. (*The maid goes out and Maribel dials again*) ¿Vicente? ... Sí, soy yo ... Lo comprendo, Vicente, lo comprendo; pero tengo que verte hoy ...

Teresa   (*From upstairs*) ¡Maribel!

Maribel   ¡Un momento, mamá! ¡Estoy hablando por teléfono! (*Into receiver*) ¿A las siete y media? ¿Dónde?

Teresa   (*Entering*) Maribel, hija, ¿quieres explicarme por qué tardas tanto?

Maribel   (*Into receiver*) Hasta luego. (*To mother*) Ya estoy lista.

WORDS AND PHRASES

la modista la está esperando	*the dressmaker is waiting for you*
estoy ocupada	*I'm busy*
tiene que probarse un vestido	*you've got to try on a dress*
¿ Me hace el favor de	*Would you mind*
levantar los brazos ?	*raising your arms ?*
un poquito más corta	*a little bit shorter*
está descansando	*she's resting*
tome	*here, take it*
¿ Me hace el favor de darme esa caja ?	*Would you mind giving me that box ?*
están llamando	*someone's calling*
(el) paquete	*parcel, packet*
No deje aquí la caja	*Don't leave the box here*
¿ Adónde la llevo ?	*Where shall I take it ?*
tengo que verte hoy	*I've got to see you today*
estoy hablando por teléfono	*I'm on the 'phone*
¿ Quieres explicarme	*Will you explain to me*
por qué tardas tanto ?	*why you are being so long ?*
ya estoy lista	*I'm ready now*

EXPLANATIONS

1 How to say 'Would you mind . . .?' 'I wonder if you could . . .?'

Use ¿ Me hace el favor de . . .? *followed by an infinitive:*

¿	**Me hace el favor de**	llamar	al señor Santana	?
		levantar	los brazos	
		darme	esa caja	

You can also use ¿Quiere . . .? followed by an infinitive:

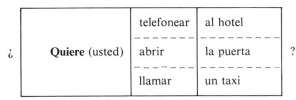

¿	**Quiere** (usted)	telefonear	al hotel	?
		abrir	la puerta	
		llamar	un taxi	

2 How to say 'I am . . . ing'

Use estar *followed by the forms of the verbs shown below:*

-ar *verbs*   -er *and* -ir *verbs*

esper -ar → -ando	com -er escrib -ir } → -iendo
Estoy esper**ando** Estamos descans**ando** Están fum**ando**	Estoy com**iendo** Estamos beb**iendo** Están escrib**iendo**

e.g. Estoy esperando a un amigo.   *I'm waiting for a friend.*
¿Está usted escribiendo a su familia?   *Are you writing to your family?*
Estamos descansando un rato.   *We're resting for a while.*
¿Están comiendo todavía?   *Are they still eating?*

3 Imperatives

If you want to tell or instruct someone to do something, there is a special form of the verb known as the imperative.

The usted *and* ustedes *forms of the present tense change as follows:*

-ar *verbs*   a → e   -er *and* -ir *verbs*   e → a

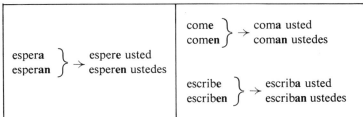

espera esperan } → espere usted esperen ustedes	come comen } → coma usted coman ustedes
	escribe escriben } → escriba usted escriban ustedes

e.g. Espere usted un momento.   *Wait a moment.*
Escriban ustedes aquí su nombre.   *Write your names here.*
Llame un taxi.   *Call a taxi.*
Vuelva usted mañana.   *Come back tomorrow.*
Hable más despacio, por favor.   *Please speak more slowly.*

*If you want to tell someone **not** to do something, simply put* No *in front of the imperative,*

e.g. No dejen aquí las maletas.   *Don't leave the suitcases here.*
No hable tan de prisa.   *Don't talk so fast.*

PRACTICE

Exercise 1   *Ask 'Would you mind . . .?'*

esperar un momento	¿ Me hace el favor de esperar un momento?
traer la cuenta	¿ Me hace el favor de . . . .?
darme un vaso de agua	¿ . . . .?
llamar un taxi	¿ . . . .?
telefonear al aeropuerto	¿ . . . .?
abrir la ventana (*window*)	¿ . . . .?
hablar más despacio	¿ . . . .?

Exercise 2   *Ask 'Will you . . .?'*

venir en seguida	¿ Quiere (usted) venir en seguida?
traer las maletas	¿ Quiere (usted) . . . .?
telefonear a mi marido	¿ . . . .?
llamar al camarero	¿ . . . .?
hablar con el jefe	¿ . . . .?
buscar el número de teléfono	¿ . . . .?

Exercise 3   *Answer the question 'What are you doing?' Check your answers in the key at the back of the book.*

¿ Qué hace usted?	(esperar a mi mujer)	Estoy esperando a mi mujer.
	(abrir la ventana)	Estoy . . . .
	(comer un sandwich)	. . . .
	(tomar una cerveza)	. . . .
	(escribir una postal)	. . . .
	(trabajar un rato)	. . . .

Exercise 4   *Tell someone to do the following things. Check your answers in the key at the back of the book.*

llamar al camarero	Llame (usted) al camarero.
tomar un café	Tome . . . .
escribir una carta	. . . .
volver por la mañana	. . . .
telefonear al hotel	. . . .
descansar un rato	. . . .
hablar más despacio	. . . .

KEY TO COMPREHENSION SCENE

Ramiro is spraying the car which he brought from Madrid when Ernesto rings to say he needs it sooner than expected. Ramiro has to work late in order to finish it in time for Antonio to deliver it to Salamanca. Vicente and Maribel meet to say goodbye. Later Ramiro goes to Vicente's room and tries to cheer him up by inviting him out for a drink.

lo estoy pintando	*I'm spraying it*
en este momento está entrando	
don Antonio	*don Antonio is just coming in*
le hace falta el coche hoy	*he needs the car today.*
¿Puede explicarme por qué	*Can you tell me why he's in such*
tiene tanta prisa?	*a hurry?*
¿Cuándo te marchas?	*When are you leaving?*
todo vuelve a su sitio	*everything will be back to normal*
tú a tu sitio y yo al mío	*you to your place and me to mine*
¿Ya no me quieres, Vicente?	*Don't you love me any more, Vicente?*
me estoy lavando	*I'm having a wash*
¿Está muy cansado?	*Are you very tired?*
¿Estás enfermo?	*Are you ill?*
me hace falta tomar unas copas	*I need a few drinks*
tienes razón	*you're right*
hay cientos de chicas preciosas	*there are hundreds of beautiful girls*

13 TRECE
Asking how to get somewhere

SCENE A

Ramiro has finished his midday meal at Encarna's bar

Ramiro ¡Encarna!

Encarna Espere un momento. En seguida voy.

Ramiro ¿Puede darme la cuenta?

Encarna (*Writing out the bill*) Usted siempre tiene prisa. ¡Descanse un minuto, hombre! Ahora no tiene que ir a ningún sitio.

Ramiro Sí, tengo que ir al sastre (*Looking at a card*) ¿Por dónde se va a la calle Venegas? El sastre vive allí.

Encarna ¿En la calle Venegas? ¡Entonces es la Sastrería Manzano!

Ramiro (*Reading*) Sí, Rafael Manzano, Venegas veintidós . . . ¿Por dónde se va a la sastrería?

Encarna Por la Avenida de Alcántara.

Ramiro ¿Tengo que ir hasta el final de la avenida?

Encarna Sí, todo seguido hasta la Plaza Mayor.

Ramiro ¿Y después . . .?

Encarna Tome la primera calle a la derecha. (*Demonstrating*) Esta es la avenida. Esta es la plaza . . .

Ramiro (*Pointing*) Tomo esta calle.

Encarna Eso es. Y ¿para qué va al sastre?

Ramiro Necesito un buen traje.

Encarna ¿Para casarse?

Ramiro No, no . . . (*Pointing*) Y desde aquí ¿por dónde se va a la calle Venegas?

Encarna Tiene que doblar a la izquierda. Esta es la calle Venegas.

Ramiro ¿Dónde está la sastrería?

Encarna Al final. Al lado de una farmacia. (*Pointing*) Aquí vive Rafael.

Ramiro ¿Rafael? ¿Es amigo suyo?

Encarna Sí.

Ramiro ¿Muy amigo? (*Encarna doesn't answer*) ¡Uy!, Encarna, Encarna . . .

Encarna Ande, Ramiro, va a llegar tarde.

WORDS AND PHRASES

ahora no tiene que ir a ningún sitio	*you haven't got to go anywhere right away*
(el) sastre	*the tailor*
¿Por dónde se va a la calle Venegas?	*How does one get to 'calle Venegas'?*
tome la primera calle a la derecha	*take the first street on the right*
(la) sastrería	*tailor's*
necesito un buen traje	*I need a good suit*
¿para casarse?	*to get married in?*

tiene que doblar a la izquierda	*you have to turn left*
al lado de una farmacia	*next (door) to a chemist's*
¿Es amigo suyo?	*Is he a friend of yours?*
¿muy amigo?	*a good friend?*
Ande, Ramiro, va a llegar tarde	*Go on, Ramiro, you'll be late*

SCENE B

Vicente enters the 'oficina de turismo'. He is stopped by an official in uniform.

Vicente Buenos días, ¿puede usted informarme sobre . . .? (*Official points to a counter*) Gracias.

(*A lady is talking to the assistant. Vicente joins a couple already waiting*)

Lady (*To assistant*) Ya, ya . . . Y ¿cómo puedo ir a Valencia?

Assistant Primero tiene que ir a Madrid. De Segovia a Madrid puede ir en tren o en autobús.

Lady No me gusta el autobús. Es muy incómodo.

Assistant Entonces prefiere ir en tren, ¿no?

Lady ¿Hay trenes con frecuencia?

Assistant (*Wearily*) Pues . . .

Lady Y desde Madrid, ¿cómo puedo ir a Valencia?

Assistant Pues, en autobús, en tren, en avión . . .

Lady (*Frowning*) ¡En avión! ¡Qué horror! ¿Qué distancia hay de Madrid a Valencia?

Assistant (*Looking it up*) Unos cuatrocientos (400) kilómetros. ¿Quiere ir en tren desde Segovia a Valencia?

Lady ¿Hay combinaciones en Madrid? (*Assistant wearily looks it up*)

Man (*To Vicente*) Oiga, por favor, ¿a qué hora se cierra esta oficina?

Vicente A la una. (*He picks up a magazine from the floor*) ¿Es de usted?

Man Ah, gracias, es de mi mujer.

Assistant (*Writing*) Aquí tiene usted el horario de trenes. (*Goes on writing*) Aquí tiene usted las horas de salida de Madrid, y las de llegada a Valencia . . .

Lady ¿Qué tren es el más rápido?

Assistant El expreso de las dieciocho treinta.

Lady ¿Cuánto cuesta el billete?

Assistant Unas quinientas cincuenta (550) pesetas en primera clase y unas cuatrocientas (400) en segunda.

Lady ¿Puedo sacarlo aquí?

Assistant No, en la estación.

Lady Bueno, no quiero molestarle más. Adiós y gracias. (*She leaves. Assistant signals to Vicente*)

Vicente Por favor, ¿cómo puedo ir a . . .? (*A clock strikes one*)

Assistant Lo siento, es la una.

Vicente Ah, bueno.

WORDS AND PHRASES

¿ Puede usted informarme . . . ?	*Can you tell me . . . ?*
¿ Cómo puedo ir a Valencia ?	*How can I get to Valencia ?*
puede ir en tren o en autobús	*you can go by train or bus*
es muy incómodo	*it's very uncomfortable*
¿ Hay trenes con frecuencia ?	*Do the trains run frequently ?*
en avión	*by 'plane*
¡ Qué horror !	*How awful !*
¿ Qué distancia hay de Madrid	*How far is it from Madrid*
a Valencia ?	*to Valencia ?*
unos cuatrocientos kilómetros	*about 400 kilometres*
¿ Hay combinaciones en Madrid ?	*Are there connections in Madrid ?*
¿ A qué hora se cierra esta oficina ?	*When does this office close ?*
¿ es de usted ?	*is it yours ?*
aquí tiene usted el horario de trenes	*here is a list of the train times*
las horas de salida de Madrid	*the departure times from Madrid*
y las de llegada a Valencia	*and arrival times in Valencia*
¿ Qué tren es el más rápido ?	*Which is the fastest train ?*
¿ Cuánto cuesta el billete ?	*How much is the ticket ?*
Unas quinientas cincuenta pesetas	*about 550 pesetas*
en primera clase	*first class*
y unas cuatrocientas en segunda	*and about 400 second*
¿ Puedo sacarlo aquí ?	*Can I get it here ?*
No, en la estación	*No, at the station*
no quiero molestarle más	*I don't want to bother you any further*

EXPLANATIONS

1 **'Can you tell me the way to . . . ?'**

Use ¿ Por dónde se va a . . . ? *and the place you want to go to.*

¿	**Por dónde se va a**	la calle Venegas la calle Mayor la plaza de toros (*Bullring*)	?

Expressions you might hear in reply are:

todo seguido	*straight on*
tome la primera calle a la derecha	*take the first street on the right*
doble a la izquierda	*turn left*
al lado de	*next (door) to*
siga hasta el semáforo	*straight on as far as the traffic lights*
dé la vuelta	*turn back*

2 'How can I get to . . .?'

| ¿ | **Cómo puedo ir a** | Valencia
Madrid
Barcelona | ? |

Useful expressions here are:

en coche	*by car*
en autobús	*by bus*
en autocar	*by coach*
en taxi	*by taxi*
en tren	*by train*
en avión	*by 'plane*
en barco	*by boat*
andando	*on foot*

3 'How far is it from X to Y?'

| ¿ | **Qué distancia hay de** | Madrid
Barcelona
Sevilla | a | Valencia
Tarragona
Málaga | ? |

The answer you might hear is:

Unos 50 kilómetros.   *About* 50 *kilometres.*

4 The impersonal se

You will have noticed in the last few lessons that many phrases contain the word se. *For example:*

¿Se puede cruzar la calle por aquí?   *Can one cross the street here?*
¿Por dónde se va a la calle Venegas?   *Can you tell me the way to calle Venegas?*

The se *here implies 'one', and therefore incorporates 'I', 'you', 'we', etc.*

5 Mine, yours, his, etc.

You have already seen (in chapter 8) the Spanish for 'my', 'your', 'his' and 'our' (mi, tu, su and nuestro(a)). There are related forms for 'mine', 'yours', etc. Each one has feminine and plural forms:

mío	mía	míos	mías	*mine*
tuyo	tuya	tuyos	tuyas	*yours (familiar)*
suyo	suya	suyos	suyas	*yours (polite), his, hers, theirs**
nuestro	nuestra	nuestros	nuestras	*ours*

* *If necessary, to make the meaning quite clear you can use:*

de usted	*yours*
de él	*his*
de ella	*hers*
de ellos/de ellas	*theirs*

e.g.	¿Es suya la casa?	Sí, es mía.
	¿Son suyas estas gafas?	Sí, son mías.
	¿De quién es este coche?	Es nuestro.
but:	¿Es de usted esta maleta?	No, es de ella.

If you do not use these words with ser *(i.e. to indicate possession), you have to use* el, la, los, las *in front, e.g.*

Estas maletas son del señor López; ¿dónde están **las mías**?
El portero quiere los billetes; ¿tiene usted **los nuestros**?

PRACTICE

Exercise 1   *Ask the way to the following places.*

la calle Mayor	¿Por dónde se va a la calle Mayor?
la Plaza de España	¿Por dónde....................?
la Estación del Norte	¿.............................?
la plaza de toros	¿.............................?
la oficina de turismo	¿.............................?
la playa	¿.............................?
el banco	¿.............................?

Exercise 2   *Ask and answer the following questions.*

¿Cómo puedo ir a Valencia?	Puede (usted) ir en autobús.
¿Cómo.........a Madrid?	Puede .... coche.
¿..............a Málaga?	.... avión.
¿................ a Ibiza?	.... barco.
¿........... a Tarragona?	.... autocar.
¿...........a Barcelona?	...................taxi.
¿..............a Segovia?	...................tren.
¿...........a la estación?	.... andando.

Exercise 3   *Ask how far it is between X and Y.*

Galicia y Francia	¿Qué distancia hay de Galicia a Francia?
el hotel y la estación	¿Qué distancia hay ....?
la playa y la ciudad	¿..................................?
la catedral y el museo	¿..................................?
el banco y Correos	¿..................................?
la pensión y las tiendas	¿..................................?

Exercise 4   *Ask and answer the following questions. Check your answers in the key at the back of the book.*

¿Es suyo este coche?	No, no es mío.
¿Es .... esta casa?	No, no ......
¿Son .... estas gafas?	....
¿Son .... estos billetes?	....
¿Es .... esta carta?	....
¿Son .... estas cervezas?	....
¿Es .... este taxi?	....

KEY TO COMPREHENSION SCENE

A policeman arrives at the 'Garaje Americano' asking for information about a stolen car. Antonio disclaims any knowledge of it and Ramiro backs him up. When the policeman has gone Ramiro accuses Antonio of misleading him. Antonio pleads innocence and later tells Dolores what has happened.

Ramiro and Vicente set off to the mountains for the weekend. While they are waiting for the bus they strike up a conversation with a girl, Blanca. When they get to Navacerrada Ramiro and Vicente find they have an accommodation problem.

busco un coche	*I'm looking for a car*
yo no vendo coches	*I don't sell cars*
ni yo los compro	*I don't buy them either*
estamos buscando un coche robado	*we're looking for a stolen car*
no lo recuerdo	*I don't remember it*
está investigando el robo de un coche	*he's investigating the theft of a car*
llamen a la Comisaría	*telephone the Police Station*
¡yo soy tan inocente como usted!	*I'm as innocent as you!*
¡eso no es verdad!	*that's not true*
esto no pasa otra vez	*this won't happen again*
(la) cárcel	*prison*
voy a romper con Ernesto	*I'm going to break with Ernesto*
(la) parada	*(bus) stop*
¿lo conoce?	*do you know it?*
los sábados está todo ocupado	*everywhere's full on Saturdays*
no te preocupes	*don't worry*
¡cuídese!	*take care!*
¡Vamos a bañarnos!	*Let's go and have a swim!*
una vista estupenda	*a marvellous view*

14 CATORCE
How to express an opinion

SCENE

A café. Ramiro and Vicente are playing dominoes.

Ramiro (*About to play*) No, espera . . . Bueno, ¡ahí va eso! (*Plays*)
Vicente ¡Qué suerte!
Ramiro Hm . . . Me parece que voy a ganar otra vez.
Vicente ¿Estás seguro? Yo creo que no, Ramiro.
Ramiro (*Playing the winning piece*) ¿No? ¿Qué te parece esto? (*Ramiro counts Vicente's score*) Dieciocho. ¿En qué estás pensando, Vicente?
Vicente (*Taking a postcard from his pocket*) Mira.
Ramiro Una postal de París, ¿no?
Vicente Puedes leerla, si quieres.
Ramiro (*Reading aloud*) '¿Todavía me recuerdas? — Maribel'
Vicente Claro que la recuerdo . . .
Ramiro Y ella también piensa en ti.
Vicente ¿Tú crees?
Ramiro ¡Hombre! (*He begins another game*)
Vicente ¡Maribel es una chica tan extraña . . .!
Ramiro Me parece que estás loco por ella, ¿eh? ¡Vamos, Vicente! ¡Vicente! No pienses más en ella. ¿Me das un cigarrillo? Gracias. Por cierto, tengo una sorpresa para ti.
Vicente ¿Sí?
Ramiro Sí señor, pronto vamos a tener una visita.
Vicente ¿Aquí?
Ramiro ¡Ah! ¡Va a venir una chica sensacional! . . . (*Looks round for the waiter*) ¡Pero bueno! ¿Dónde está ese camarero? ¡Emilio!
Vicente ¿Y quién es esa chica? ¿Cómo se llama?
Ramiro ¡Ah! Es una chica guapísima . . .
Vicente Pero, ¿quién es?
Ramiro ¡Shh, ahí viene! ¡Mira!

WORDS AND PHRASES

¡ahí va eso!	*that goes there!*
Me parece que voy a ganar otra vez	*I think I'm going to win again*
Yo creo que no	*I don't think so*
¿Qué te parece esto?	*What do you think of this then?*
puedes leerla si quieres	*you can read it if you want to*
¿todavía me recuerdas?	*do you still remember me?*
claro que la recuerdo	*of course I remember her*
ella también piensa en ti	*she's thinking of you too*
¿tú crees?	*do you think so?*

es una chica tan extraña	*she's such a strange girl*
estás loco por ella	*you're mad about her*
no pienses más en ella	*don't think about her any more*
por cierto	*by the way*
tengo una sorpresa para ti	*I've got a surprise for you*
¿Cómo se llama?	*What's her name?*

EXPLANATIONS

1 How to say 'I think that ...'

You can either use

Creo que ...

or Me parece que ... (*literally: It seems to me that ...*)

Creo que vuelven a las cinco.	*I think they'll be coming back at five.*
Me parece que voy a ganar otra vez.	*I think I'm going to win again.*

2 How to say 'I don't think that ...'

Add no *to the* FOLLOWING *verb:*

Creo que no va a salir.	*I don't think he's going out.*
Me parece que no van a venir.	*I don't think they're going to come.*

3 'I think so', 'I don't think so'.

Creo que sí.   Me parece que sí.

Creo que no.   Me parece que no.

4 Me parece

Me parece *can also be used to say what you think of something, e.g.*

Me parece muy interesante.	*I think it's very interesting.*
Me parece muy bien.	*That's fine.*

When referring to a plural noun, me parece *becomes* me parecen, *e.g.*

Me parecen muy caras estas habitaciones.

I think these rooms are very expensive.

5 'He thinks', 'she thinks', etc.

Me parece(n)	Creo	*I think*
Te parece(n)	Crees	*you think (familiar)*
Le parece(n)	Cree	*you/he/she think(s)*
Nos parece(n)	Creemos	*we think*
Les parece(n)	Creen	*they think*

Nos parece muy bueno este hotel.

We think this hotel is very good.

Mi marido cree que es demasiado caro.

My husband thinks it's too expensive.

6 'Reflexive' verbs

Some of the verbs you already know can also be used to describe an action done to oneself. For example the verb 'to wash' can become 'to wash oneself'. When this happens in Spanish you must accompany the verb by one of the following:

me
te
se
nos

LAVAR	LAVARSE
to wash	*to wash oneself*
lavo	me lavo
lavas	te lavas
lava	se lava
lavamos	nos lavamos
lavan	se lavan

e.g. ¿Dónde lavo la ropa?   *Where do I wash the clothes?*
      ¿Dónde me lavo?   *Where can I have a wash?*

Here are some useful reflexive verbs:

levantarse	*to get up*	me levanto
cambiarse	*to get changed*	me cambio
acostarse (ue)	*to go to bed*	me acuesto
llamarse	*to be called*	me llamo

e.g. ¿Cómo se llama usted?   *What's your name?*
      Me llamo Donald Stephens. *My name is Donald Stephens*

PRACTICE

Exercise 1   *Say what you think of the following, using the words given.*

¿Qué le parece esta habitación?	(buena)	Me parece muy buena.
¿Qué le parece esta falda?	(cara)	Me parece ....
¿Qué le parece esta revista?	(interesante)	....
¿Qué le parece este bolso?	(bonito)	....
¿Qué le parece este hotel?	(barato)	....
¿Qué le parece esta película?	(mala)	....

Exercise 2   *Answer the following questions using the times given.*

¿Va a venir Juan?	(esta tarde)	Sí, me parece que va a venir esta tarde
¿Va a volver Luisa?	(mañana)	Sí, me parece que va a ....
¿Va a salir Manuel?	(a las tres)	....
¿Va a llegar su madre?	(hoy)	....
¿Va a llamar su novio?	(por la noche)	....
¿Va a almorzar su padre?	(temprano)	....

Exercise 3   *Say that you think these statements aren't correct.*

tiene mucho dinero	Creo que no tiene mucho dinero.
habla español	Creo que no.................
va a volver	....
está casado	....
le gusta el hotel	....
quiere pagar	....

Exercise 4   *Answer the following questions using the phrases given. Check your answers in the key at the back of the book.*

¿A qué hora se acuesta usted?	(a las once)	Me acuesto a las once.
¿Dónde se cambia usted?	(en la habitación)	Me................
¿A qué hora se levanta usted?	(a las nueve)	....
¿Cómo se llama usted?	(*your name*)	....
¿Dónde se baña usted?	(en la piscina)	....

KEY TO COMPREHENSION SCENE

Ramiro, Vicente and Blanca meet again in a café. Antonio is also there with a client who wants to sell his car. Antonio suggests Ramiro buy it, promising to lend him the money. The next day, Ramiro receives a telephone call to tell him his mother is ill, so he drives up to Piquera to visit her.

¿no nos sentamos?	why don't we sit down?
otra vez los tres juntos	all three together again
de pronto se presenta	he suddenly turns up
cualquier cosa	anything
me parece que mi primo es	I think my cousin is
alumno suyo	a pupil of yours
delgado	slim
yo puedo ayudarle,	I can help you,
puedo prestarle ...	I can lend you ...
yo le presto el dinero	I'm lending him the money
no soy una inválida	I'm not an invalid
tienes buen aspecto, ¿sabes?	you look well, you know?
¿te molesta la pierna?	is your leg giving you trouble?
¿qué dice el médico?	what does the doctor say?
me recomienda una cura especial	he recommends a special treatment
en un balneario	at a spa
prefiero verte de vez en cuando	I prefer to see you from time to time

15 QUINCE
Ordering a meal

SCENE

The dining room of a big hotel. Gálvez and Dolores are shown to their table. They sit down and the headwaiter hands them menus.

Headwaiter ¿Desean algún aperitivo mientras estudian la carta?

Gálvez Sí, vermut con ginebra, por favor. (*The headwaiter withdraws and the two begin to study the menu*) Yo voy a comer poco. No tengo apetito.

Dolores Pues yo tengo hambre.

Gálvez No me extraña. ¡Estás todo el día en la playa, nadando . . .!

Dolores ¡Tú también tienes que hacer ejercicio, Arturo!

Gálvez Yo sí, pero tú no necesitas hacerlo, guapa. Tienes una figura perfecta. (*A waiter brings their drinks*)

Dolores ¿No va a venir Ernesto?

Gálvez Ernesto está muy entretenido con su nueva amiga. Esta noche no nos molesta nadie . . . Estamos solos, tú y yo . . .

Dolores Vamos a ver. (*Reading*) Sopas, mariscos, huevos, pescados, carnes . . . Me parece que voy a empezar con un consomé . . . y luego, algo de pescado.

Headwaiter ¿Qué van a tomar los señores?

Gálvez La señorita va a tomar un consomé . . .

Headwaiter ¿Al jerez?

Dolores Sí. ¿Qué tal está el lenguado?

Headwaiter El lenguado es una de las especialidades de nuestro cocinero.

Dolores Lenguado, entonces, y . . . algo de carne . . . ¿Qué me recomienda?

Headwaiter El solomillo de ternera está excelente.

Dolores Muy bien.

Headwaiter ¿Cómo lo prefiere? ¿Muy hecho o poco hecho?

Dolores Poco hecho, por favor.

Headwaiter Y el señor, ¿qué va a tomar?

Gálvez Pues, no sé . . .

Headwaiter ¿Un cóctel de gambas para empezar?

Gálvez No . . .

Headwaiter ¿Entremeses variados quizá . . .?

Gálvez No es mala idea . . . Y después una tortilla.

Headwaiter ¿Francesa? ¿De espárragos . . .?

Gálvez Una tortilla de champiñones. Eso es todo de momento.

Headwaiter ¿Qué vino desean tomar?

Gálvez Un blanco seco . . . y un tinto con la carne, ¿no, Dolores? (*To headwaiter*) Puede usted elegir la marca.

Headwaiter Perfectamente. (*He leaves*)

Dolores ¿Hay noticias de Salamanca?

Gálvez Sí, todo va bien.

Dolores ¿Y Antonio?

Gálvez Sin novedad.
Dolores ¿Qué planes hay? ¿Vamos a estar aquí mucho tiempo?
Gálvez ¿Es que no te gusta esto?
Dolores Claro que me gusta, pero ...
Gálvez Ahora estamos de vacaciones, Dolores.
Dolores Mira, ahí viene Ernesto.
Gálvez Sí, con la chica.
Dolores (*Waving*) ¡Ernesto! (*Ernesto appears with a young woman*)
Ernesto (*Ill at ease*) Hola.
Gálvez Hola. ¿No tiene usted mesa?
Ernesto Sí, (*pointing*) ésa.
Gálvez Estupendo.
Dolores ¿Por qué no se sientan con nosotros?
Gálvez Pero, Dolores, ellos ya tienen una mesa reservada ...
Dolores ¿No prefieren estar todos juntos? ¡Es muchísimo más divertido! (*To headwaiter*) ¿Pueden sentarse aquí nuestros amigos?
Ernesto Pero, nuestra mesa ...
Headwaiter No hay ningún problema, señor.
Dolores Gracias, es usted muy amable. (*To Ernesto*) ¿No nos presenta a su amiga?
Ernesto ¡Ah!, sí, claro. Miss Susan Taylor.
Susan How do you do?
Gálvez ¡Ah!, es usted inglesa ... Aquí Dolores Fuentes.
Dolores Mucho gusto.
Gálvez Arturo Gálvez. Encantado.
Susan Encantado — no, I mean encantada.
(*Waiters bring a table and chairs and put them in position*)
Dolores ¿Habla usted español?
Susan Sí, un poco ... ¿Habla usted inglés?
Dolores Yes — a little.
Susan Wonderful!
Ernesto (*Aside to Gálvez*) ¡La culpa es de Dolores, no mía ..!
Gálvez ¡Es usted un aguafiestas!
Ernesto Pero ...
Gálvez ¡Cállese, hombre cállese!
(*They all sit down*)
Headwaiter ¿Desean algún aperitivo?
Susan (*To Ernesto*) Yes, sí, Ernesto, por favor.
Ernesto Dos martinis secos.
(*Headwaiter hands menus to Ernesto and Susan. She turns to Dolores*)
Susan What are you having?
Dolores Consomé, lenguado y solomillo de ternera.
Susan ¿Lenguado?
Dolores Sole.

Susan   (*To Ernesto*) Lenguado, por favor, Ernesto.
Ernesto   A mí no me gusta el lenguado, prefiero langosta.
Susan   (*To Dolores*) ¿Langosta?
Dolores   Lobster.
           (*Gálvez is glowering and Ernesto looks embarrassed*)
Ernesto   (*Trying to break the ice*) ¿Qué nos recomienda para beber, Gálvez?
Gálvez   (*Annoyed*) ¡Agua mineral!
Susan   Mineral water?
Gálvez   Ahí tiene la lista de vinos. Yo no quiero nada.
Headwaiter ¿Qué van a tomar los señores?
Ernesto   Pues, vamos a tomar . . .

Headwaiter La cuenta, señor.

WORDS AND PHRASES

¿Desean algún aperitivo?	*Would you like an aperitive?*
no me extraña	*it doesn't surprise me*
está muy entretenido con su nueva amiga	*he's very taken up with his new friend*
(la) sopa	*soup*
(los) mariscos	*shellfish*
un consomé	*clear soup, consommé*
algo de pescado	*some fish*
¿Qué tal está el lenguado?	*What's the sole like?*
una de las especialidades de nuestro cocinero	*one of our chef's specialities*
¿Qué me recomienda?	*What do you recommend?*
poco hecho	*rare*
un cóctel de gambas	*prawn cocktail*
entremeses variados	*hors d'oeuvres*
(los) espárragos	*asparagus*
una tortilla de champiñones	*mushroom omelette*
todos juntos	*all together*
¡Es muchísimo más divertido!	*It's much more fun!*
¿no nos presenta a su amiga?	*aren't you going to introduce us to your friend?*
¡Es usted un aguafiestas!	*You're a spoilsport!*
¡Cállese!	*Shut up!*
(el) solomillo de ternera	*veal steak*
Yo no quiero nada	*I don't want anything*

EXPLANATIONS

1 How to ask for a table

¿	Tienen una mesa para	dos tres cuatro	?

2 How to call for the waiter/waitress

¡Camarero!
¡Señorita!

3 How to order

As you saw in chapter 9 you can use Quisiera . . .

e.g. Quisiera un solomillo.

You can also use Voy a tomar . . .

e.g. Voy a tomar una tortilla.
La señorita va a tomar un consomé.

4 How to ask for the bill

¡La cuenta, por favor!

5 How to say you want separate bills

La cuenta por separado.

N.B. *Normally bills in Spain include a service charge and taxes – you will see on the menu:*

Servicio e impuestos incluídos.

Even so it is usual to give a small tip (una propina) *– say* 5% *to* 10%.

6 nada

You have already learnt algo *-- something.* Nada *means 'nothing' or 'not at all'. When* nada *follows a verb you must always say* no . . . nada.

e.g. No tengo nada que hacer.	*I've nothing to do.*
No necesito nada.	*I don't need anything.*
	(Literally, 'I don't need nothing')
No me gusta nada esta falda.	*I don't like this skirt at all.*
¿Qué quiere?	*What do you want?*
Nada.	*Nothing.*
Perdón.	*Sorry.*
Nada, nada.	*That's all right.*

7 He, she, we, they

You already know that yo *and* tú *are used only for emphasis and that* usted *and* ustedes *are sometimes used for clarity. Similarly you can emphasise 'he', 'she', 'we', 'they' by using:*

él	*he*
ella	*she*
nosotros	*we (men)*
nosotras	*we (women)*
ellos	*they (men)*
ellas	*they (women)*

e.g. Nosotros preferimos también este hotel.   *We prefer this hotel too.*

These pronouns can also be used after prepositions, with the exception of yo *and* tú *which become* mí *and* ti.

e.g. Van a venir con nosotros.	*They're going to come with us.*
Maribel está loca por él.	*Maribel is crazy about him.*
Tengo una sorpresa para ti.	*I've got a surprise for you.*
Tenemos una carta para ustedes.	*We've got a letter for you.*
¿Tiene usted un recado para mí?	*Have you got a message for me?*

But notice that 'with me' and 'with you' (fam.) are:

conmigo *and* contigo

e.g. ¿Quiere usted venir conmigo?   *Will you come with me?*

PRACTICE

Exercise 1   *Practise ordering a meal and reckoning up the bill using the menu given.*

ENTREMESES pesetas	**PARRILLAS**
Entremeses de la casa . . 45	Chuleta de cordero lechal con
Hors d'oeuvres	guarnición 70
Ensaladilla Rusa 30	*Lamb chop*
Russian salad	Ternera en su juego . . . 60
CONSOMÉS Y CREMAS	*Roasted veal, garni*
Consomé al Jerez . . . 18	Solomillo parrilla con
Consommé with sherry	guarnición 80
Consomé con yema . . . 25	*Grilled sirloin*
Consommé with yolk	**POLLOS**
Crema de cangrejos . . . 40	Asado en su jugo ½ . . . 80
Crab soup	*Chicken roast*
SOPAS	Pollo al ajillo ½ 60
Sopa de mariscos . . . 30	*Chicken with garlic*
Shell-fish soup	Pollo chilindrón ½ . . . 60
Sopa de ajo con huevo . . 30	*Chicken chillindron*
Garlic soup with egg	**PLATOS TÍPICOS**
LEGUMBRES	**QUE SERVIMOS**
Espárragos salsa elegir . . 40	Paella de mariscos . . . 45
Asparagus, sauce of choice	*Paella with shell-fish (Spanish rice dish)*
Fondos de alcachofas con	Paella a la Valenciana . . 50
jamón 45	*Paella Valenciana*
Hearts of artichokes with ham	Bacalao a la Vizcaína . . 50
Guisantes o judías verdes con	*Basque codfish*
jamón 45	Perdiz estofada a la Castellana 120
Garden peas or green beans with ham	*Stuffed Castilian partridge*
HUEVOS Y TORTILLAS	Callos a la Madrileña . . 50
Huevos revueltos con tomate 25	*Tripe dish*
Scrambled eggs with tomatoes	**POSTRES**
Tortilla de jamón 35	Souflé Alasca al rón . . . 60
Ham omelette	*Baked Alaska with rum*
Tortilla Española 35	Tarta helada 40
Spanish omelette	*Ice cream cake*
MARISCOS Y PESCADOS	Copa especial de la casa . . 30
Merluza Romana 60	*Assorted ice cup*
Hake in batter	Copa de helado 'varios gustos' 30
Lenguado, Meniere o Grillé . .75	*Ice cream*
Sole meunière, or grilled	Flan al caramelo 20
Salmonetes fritos o grillé . . 75	*Caramel custard*
Mullet, fried or grilled	Quesos surtidos 40
	Selection of cheeses

En estos precios están incluídos impuestos y servicio

Exercise 2   *Reply in the negative to the following questions.*

¿ Necesita usted algo?	No, no necesito nada.
¿ Quiere usted algo?	No, no quiero ......
¿ Busca usted algo?	....
¿ Toma usted algo?	....
¿ Espera usted algo?	....
¿ Desea usted algo?	....

Exercise 3   *Say that you have a letter for the people mentioned.*

Ramiro	Tengo una carta para él.
mis amigos	Tengo .... ellos.
Cristina	....
las chicas	....
you	....
us	....

Exercise 4   *Ask if you can do the following, using the pictures as a guide.*

¿ Se puede cruzar aquí?

¿ Se puede .... ?

¿ .... ?

¿ .... ?

¿ .... ?

¿ .... ?

Exercise 5   *Tell someone to do the following things.*

(Comprar) Compre un periódico, por favor.

(Llamar)................   (Llevar)................

(Volver) ....   (Cambiar)................

KEY TO COMPREHENSION SCENE

Ramiro meets Blanca outside the hotel and they go to a café. They talk about his mother's illness, then about Vicente. Finally Ramiro persuades Blanca to go for a drive with him and makes a pass at her ... At her hotel, Dolores sees an American newspaper with an article about Rodrigo Alva, a deposed South American politician who has escaped to Spain. She shows the article to Gálvez.

le pongo	*I'm putting you through*
un helado de fresa	*a strawberry ice-cream*
¿tiene algo grave?	*is it something serious?*
siento lo del otro día	*I'm sorry about the other day*
estoy perdido	*I haven't a chance*
una chica corriente	*an ordinary girl*
me encuentro bien a tu lado	*I feel at ease with you*
¡Qué mentiroso!	*What a liar!*
un coche de segunda mano	*a second-hand car*
echar un vistazo	*to take a look*
¿Qué estás leyendo?	*What are you reading?*

16 DIECISÉIS
How to talk about the future

SCENE A

A seaside hotel room. Gálvez, Ernesto and Dolores are looking at newspapers reporting Alva's escape.

Gálvez   Este es nuestro hombre, no hay duda.

Dolores   Va a ser un trabajo difícil . . .

Gálvez   Y peligroso. Le aseguro que no será un juego de niños. Pero, un poco de suerte y . . .

Ernesto   Y tendremos dinero para el resto de nuestras vidas.

Gálvez   Eso es.

Ernesto   Conviene empezar pronto. No sabemos cuánto tiempo estará Alva en España . . .

Dolores   Ni cuánto tiempo vivirá. Su cabeza vale una fortuna y puedo asegurarle que habrá competidores.

Gálvez   Los eliminaremos.

Ernesto   ¿Qué clase de competidores? ¿Sus enemigos políticos?

Dolores   Sí, y la gente como nosotros, Ernesto. No seremos los únicos . . .

Ernesto   Pero seremos los primeros. ¿Cuándo empezamos?

Dolores   No se impaciente, Ernesto. Hay que ir con cuidado.

Ernesto   Pero usted ya tendrá un plan, ¿no, Gálvez?

Gálvez   Sólo tengo algunas ideas y me parece que Dolores será muy útil . . . Es una mujer atractiva e inteligente . . .

Dolores   ¿Qué hora es? (*Looks at her watch*) ¡Ah! ¡Ponga la televisión en seguida, Ernesto! (*Ernesto puts on the television*)

WORDS AND PHRASES

no será un juego de niños	*it won't be child's play*
y tendremos dinero para el resto de nuestras vidas	*and we'll have enough money for the rest of our lives*
conviene empezar pronto	*we'd better start soon*
no sabemos cuánto tiempo estará Alva en España	*we don't know how long Alva will be in Spain*
ni cuánto tiempo vivirá	*nor how long he'll live*
su cabeza vale una fortuna	*he's worth a fortune*
habrá competidores	*there will be competitors*
los eliminaremos	*we'll eliminate them*
no seremos los únicos	*we won't be the only ones*
pero seremos los primeros	*but we'll be first*
hay que ir con cuidado	*we've got to go carefully*
usted ya tendrá un plan	*you must already have a plan*
atractiva e inteligente*	*attractive and intelligent*
¡Ponga la televisión en seguida!	*Put on the television at once!*

* *Note that* e *is used rather than* y *because the next word begins with 'i'.*

SCENE B

Rodrigo Alva is being interviewed on television

Reporter ¿Tiene su excelencia planes para el futuro?

Alva Sí, sí, naturalmente. Creo que pronto empezaré a escribir mis memorias.

Reporter ¿Entonces se retirará de la política?

Alva Sí, decididamente.

Reporter ¿Y si hay contrarrevolución y su país le necesita otra vez...?

Alva Habrá una contrarrevolución pero yo no estaré allí. Otros patriotas continuarán mi labor.

Reporter ¿Teme usted por su seguridad, excelencia?

Alva No, en absoluto.

Reporter Pero usted tendrá enemigos y quizá...

Alva Ahora no soy más que un ciudadano particular. No tengo ambiciones políticas. Puedo asegurarle que nadie me atacará.

Reporter Muchas gracias, excelencia y bienvenido a España.

Alva Gracias a usted. Estoy encantado de encontrarme entre ustedes.

WORDS AND PHRASES

pronto empezaré a escribir mis memorias	*Soon I shall begin to write my memoirs*
¿Entonces se retirará de la política?	*Then you'll retire from politics?*
(el) país	*country*
Habrá una contrarrevolución pero yo no estaré allí	*There will be a counter-revolution but I won't be there*
¿Teme usted por su seguridad?	*Are you worried about your personal safety?*
Ahora no soy más que un ciudadano particular	*Now I'm just a private citizen*
Puedo asegurarle	*I can assure you*
que nadie me atacará	*that no one will attack me*

EXPLANATIONS

1 How to talk about the future

In chapter 7 you saw how to use Voy a *followed by an infinitive, e.g.*

Voy a trabajar mañana.   *I'm going to work tomorrow.*

You will be able to talk about the future perfectly well using this form but there is a separate future tense in Spanish which you should at least be able to recognise. This future tense is very simple to form and is the same for -ar, -er *and* -ir *verbs. Endings are added to the infinitive.*

empezar ⎤	-é	*I will begin/eat/live*
	-ás	*you (familiar) will begin/eat/live*
comer ⎬	-á	*he, she, you will begin/eat/live*
	-emos	*we will begin/eat/live*
vivir ⎦	-án	*they will begin/eat/live*

e.g. Sacaré los billetes el viernes. — *I'll buy the tickets on Friday.*
Mi marido pagará la cuenta mañana. — *My husband will pay the bill tomorrow.*
Volveremos la semana que viene. — *We'll come back next week.*
Llegarán el veintidós, ¿verdad? — *They'll arrive on the 22nd, won't they?*

Notice the irregular future tense of these verbs:

TENER	VENIR	SALIR	HACER
to have	*to come*	*to go out*	*to do/make*
tendré	vendré	saldré	haré
tendrás	vendrás	saldrás	harás
tendrá	vendrá	saldrá	hará
tendremos	vendremos	saldremos	haremos
tendrán	vendrán	saldrán	harán

Notice that the future of hay *is* habrá, *e.g.*

Habrá una huelga.   *There will be a strike.*

2 Supposition

The future tense can also be used to express supposition or probability:

Usted tendrá un plan, ¿no? — *You must have a plan.*
Juan tendrá unos* cincuenta (50) años. — *Juan will be about fifty.*
Pedro ganará unas* diez mil (10.000) — *Pedro will be earning about 10,000*
pesetas al mes. — *pesetas a month.*

* *Note that* unos/unas *followed by a number means 'about . . .' or 'approximately . . .'.*

3 'Shall I . . .?'

*Notice that the future tense is **not** used to translate the English 'Shall I . . .?', 'Shall we . . .?'. The present tense is used instead.*

e.g. ¿Empezamos? — *Shall we begin?*
¿Pagamos la cuenta? — *Shall we pay the bill?*
¿Llamo un taxi? — *Shall I call a taxi?*

4 Months and days of the week

el lunes	*Monday*	enero	*January*	julio	*July*
el martes	*Tuesday*	febrero	*February*	agosto	*August*
el miércoles	*Wednesday*	marzo	*March*	septiembre	*September*
el jueves	*Thursday*	abril	*April*	octubre	*October*
el viernes	*Friday*	mayo	*May*	noviembre	*November*
el sábado	*Saturday*	junio	*June*	diciembre	*December*
el domingo	*Sunday*				

el fin de semana   *the weekend*

Notice that you always refer to **el** viernes, **el** domingo, *etc.*

  e.g. Volveremos el martes. *We'll come back on Tuesday.*
  El quince de julio. *The fifteenth of July.*

5 no . . . más que . . .

This means 'just' or 'only': e.g.

  No soy más que un ciudadano particular. *I'm just a private citizen.*
  No tengo más que cien (100) pesetas. *I've only got 100 pesetas.*

6 Numbers

The numbers up to 60 *are set out in chapter* 6.

70 — setenta	600 — seiscientos
80 — ochenta	643 — seiscientos cuarenta y tres
90 — noventa	700 — setecientos
100 — cien/ciento*	800 — ochocientos
110 — ciento diez	900 — novecientos
175 — ciento setenta y cinco	1.000 — mil
200 — doscientos	2.000 — dos mil
300 — trescientos	10.000 — diez mil
400 — cuatrocientos	100.000 — cien mil
500 — quinientos	1.000.000 — un millón

* cien pesetas/ciento cincuenta pesetas cien personas/ciento tres personas.

PRACTICE

Exercise 1 *Say when you intend to do the following:*

¿Cuándo piensa usted volver?	(esta tarde)	Volveré esta tarde.
¿Cuándo piensa usted acostarse?	(a las doce)	Me acostaré . . . . .
¿Cuándo piensa usted almorzar?	(a las dos)	. . . .
¿Cuándo piensa usted dar un paseo?	(más tarde)	. . . .
¿Cuándo piensa usted cenar?	(a las nueve)	. . . .
¿Cuándo piensa usted desayunar?	(muy temprano)	. . . .
(*to have breakfast*)		
¿Cuándo piensa usted hacer la comida?	(a la una)	. . . .

Exercise 2 *Say when Juan will do the following. Check your answers in the key at the back of the book.*

(9 a.m.) empezar a trabajar	A las nueve de la mañana Juan empezará a trabajar.
(11 a.m.) tomar café	A las once de la mañana . . . .
(11.15 a.m.) continuar el trabajo	. . . .
(4 p.m.) tener una visita	A las cuatro de la tarde. . . . .
(6 p.m.) volver a casa	. . . .
(7 p.m.) mirar la televisión	. . . .
(10 p.m.) cenar con la familia	A las diez de la noche. . . . .
(11.45 p.m.) acostarse	. . . .

Exercise 3 *Say how old you think these people are:*

Pedro tendrá unos
treinta años.

. . . .

. . . .

. . . .

. . . .

. . . .

Exercise 4 *Ask 'Shall I . . .?' do the following:*

abrir la ventana	¿Abro la ventana?
ir a la estación	¿Voy . . . .?
subir las maletas	¿ . . . .?
escribir una carta	¿ . . . .?
comprar una guía	¿ . . . .?
pagar la cuenta	¿ . . . .?

KEY TO COMPREHENSION SCENE

*Dolores plans to return to Madrid to make contact with Alva, and Gálvez
decides Ramiro should accompany her.*

*Vicente asks Ramiro if he's going to marry Blanca. Ramiro says it's too soon
to talk of marriage; first of all he's got to get a job in Madrid. Later they
discover that Encarna has got more immediate marriage plans.*

mañana iré a Madrid	*tomorrow I'll go to Madrid*
estaremos en contacto a distancia	*we shall be in contact from a distance*
sólo faltan diez minutos	*we've only ten minutes to wait*
ya lo verás	*you'll see*
serás feliz con ella	*you'll be happy with her*
ya no se acuerda de mí	*she no longer remembers me*
¡Cuánto me alegro!	*I'm so pleased!*
¡Enhorabuena!	*Congratulations!*
¡No diga tonterías!	*Don't be stupid!*
Sí, al habla	*Speaking*

How to talk about the past: recent actions *one*

SCENE

Gálvez's flat in Madrid

Gálvez (*Opening door to Dolores*) ¡Dolores! ¡Por fin! ¡Chica, estás elegantísima! (*Dolores goes straight to the window and looks down at the street*) ¿Qué pasa? ¿Te ha seguido alguien?

Dolores Creo que no, pero . . . No, no veo a nadie en la calle.

Gálvez Bueno, ¿y cómo han ido las cosas?

Dolores No han ido mal . . . He tomado una habitación en el Ritz, ¿sabes?

Gálvez Sí, ya lo sé . . . ¿Has conocido a Alva?

Dolores Sí. Y he hablado con él.

Gálvez ¿Qué me dices? ¿Tan pronto? ¡Vaya!, enhorabuena. Hemos empezado con suerte.

Dolores ¿Con suerte? No, es que yo hago las cosas bien, Arturo.

Gálvez ¡Claro que las haces bien! ¿Has tenido alguna dificultad?

Dolores No. (*Ironically*) Todo ha pasado por casualidad, ¿comprendes?

Gálvez Ya . . .

Dolores Ayer, al mediodía . . .

Flashback. Outside the Ritz Hotel. Alva comes out of the hotel closely followed by his two bodyguards. Dolores follows, pretending not to notice him. Alva, waiting for a taxi, notices Dolores. A taxi pulls up and a bodyguard opens the door for Alva.

Alva (*Turning to Dolores*) Perdón, ¿ha pedido usted un taxi? ¿Puedo llevarla a algún sitio?

Dolores No, muchísimas gracias, no tengo prisa.

Alva Yo tampoco. (*Inviting her to take his taxi*) Por favor . . .

Dolores (*Declining*) No, pero gracias por su amabilidad.

Gálvez's flat

Dolores Por cierto, le acompañan dos hombres.

Gálvez ¿Policías?

Dolores No, guardaespaldas. Y están armados, naturalmente . . .

WORDS AND PHRASES

¿Qué pasa?	*What's up?*
¿Te ha seguido alguien?	*Has someone followed you?*
¿y cómo han ido las cosas?	*and how did things go?*
no han ido mal	*they didn't go badly*

he tomado una habitación	*I've taken a room*
¿Has conocido a Alva?	*Have you met Alva?*
y he hablado con él	*and I've spoken to him*
enhorabuena	*congratulations*
Hemos empezado con suerte	*We've had a lucky start*
yo hago las cosas bien	*I do things properly*
¿Has tenido alguna dificultad?	*Did you have any difficulty?*
todo ha pasado por casualidad	*everything happened by chance*
Ayer, al mediodía . . .	*Yesterday, at midday . . .*
¿ha pedido usted un taxi?	*Did you order a taxi?*
¿Puedo llevarla a algún sitio?	*Can I give you a lift anywhere?*
no tengo prisa	*I'm not in a hurry*
le acompañan dos hombres	*he's got two men with him*
guardaespaldas	*bodyguards*
están armados	*they're armed*

EXPLANATIONS

1 How to talk about the recent past
Study this pattern:

HABLAR – *to talk*

he hablado	*I talked, have talked*
has hablado	*you (familiar) talked, have talked*
ha hablado	*he/she/you talked, has/have talked*
hemos hablado	*we talked, have talked*
han hablado	*they talked, have talked*

TENER – *to have*

he tenido	*I had, have had*
has tenido	*you (familiar) had, have had*
ha tenido	*he/she/you had, has/have had*
hemos tenido	*we had, have had*
han tenido	*they had, have had*

PEDIR – *to ask*

he pedido	*I asked for, have asked for*
has pedido	*you (familiar) asked for, have asked for*
ha pedido	*he/she/you asked for, has/have asked for*
hemos pedido	*we asked for, have asked for*
han pedido	*they asked for, have asked for*

This is known as the 'perfect' tense.
Notice that you always use part of the verb haber *followed by a special form of the main verb, called the past participle.*

The past participle is formed as follows:

-ar *verbs*	hablar ⎫		⎧ habl**ado**
	terminar ⎬ -ado ⎨			termin**ado**
	comprar ⎭		⎩ compr**ado**
-er *verbs*	tener ⎫		⎧ ten**ido**
	beber ⎬			beb**ido**
	vender ⎬ -ido ⎨		vend**ido**
-ir *verbs*	pedir ⎬			ped**ido**
	salir ⎬		sal**ido**
	permitir ⎭		⎩ permit**ido**

Notice that he, has, ha, *etc., are never used on their own, but only in front of past participles* (*the* -ado *or* -ido *form*). *The two forms must always be kept together, e.g.*

No he hablado con él.   *I haven't spoken to him.*
¿Has tenido alguna dificultad?   *Did you have any difficulty?*
¿Ha pedido usted un taxi?   *Did you order a taxi?*

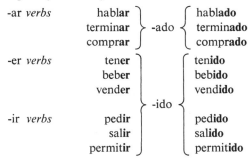

2 *'Me', 'you', 'him', 'her', 'us', 'them'*

me	*me*
te	*you (familiar)*
le	*you (masculine) or him*
la	*you (feminine) or her*
nos	*us*
les	*you (masculine plural) or them (masculine)*
las	*you (feminine plural) or them (feminine).*

e.g. ¿Me acompaña usted?   *Are you coming with me?*
Sí, le acompaño.   *Yes, I'm coming with you.*

¿La acompaña usted?   *Are you going with her?*
No, no la acompaño.   *No, I'm not going with her.*

Nos acompañan dos hombres.   *Two men are coming with us.*
Les acompaño.   *I'm going with them.*

Notice that you drop the personal 'a' *with these words:*

Conozco a Luisa.	*I know Luisa.*
but La conozco.	*I know her.*
He visitado a sus padres.	*I visited his parents.*
but Les he visitado.	*I visited them.*

3 Word order

In Spanish the subject is quite often placed **after** *the verb, e.g.*

Le acompañan **dos hombres.**	*Two men are accompanying him.*
Esta tarde vienen **nuestros amigos.**	*Our friends are coming this evening.*

PRACTICE

Exercise 1 *Say that you've already done the things mentioned:*

hablar con Juan	Ya he hablado con Juan.
pedir un taxi	Ya he pedido ....
vender el coche	Ya he ....
comprar un periódico	....
leer la revista	....
recibir una carta	....

Exercise 2 *Ask* 'Have you . . .?', *using the expressions given:*
(a) *with the* usted *form.*

llegar hoy	¿ Ha llegado usted hoy?
tomar el desayuno	¿ Ha tomado usted....?
pagar la cuenta	¿ Ha ....?
comer ya	¿...................?
leer el periódico	¿...................?
servir la comida	¿...................?

(b) *with the* ustedes *form:*

descansar bastante	¿ Han descansado ustedes bastante?
pedir la comida	¿ Han.......................?
traer el equipaje	¿...........................?
reservar las entradas	¿...........................?
salir esta mañana	¿...........................?
comer bien	¿...........................?

Exercise 3 *Say* 'We haven't . . .', *using the expressions given:*

tener dificultades	No hemos tenido dificultades.
salir hoy	No hemos................
reservar habitación	....
dormir bien	....
visitar la catedral	....
comer todavía	....

Exercise 4   *Replace the nouns given in these sentences by the appropriate pronouns. (You may like to look back at section 6 of the Explanations in chapter 9.) Check your answers in the key at the back of the book.*

(a)

Tengo aquí el billete.	Lo tengo aquí.
Tengo aquí la maleta.	La . . . .
Tengo aquí los billetes.	. . . .
Tengo aquí el pasaporte.	. . . .
Tengo aquí las gafas.	. . . .
Tengo aquí la cuenta.	. . . .

(b)

¿Conoce usted a Juan?	¿Le conoce usted?
¿Conoce usted a María?	¿La . . . . ?
¿Conoce usted a mis padres?	¿ . . . . ?
¿Conoce usted a estas señoritas?	¿ . . . . ?
¿Conoce usted al dueño del hotel?	¿ . . . . ?
¿Conoce usted a la señora López?	¿ . . . . ?

KEY TO COMPREHENSION SCENE

Alva's pursuit of Dolores continues. Ramiro is underemployed and bored at the garage and tells Vicente he's decided to leave and look for a job in Madrid. Blanca and he could still see each other often, or perhaps she could also find work in the capital.

ha salido de viaje	*he's gone off on a trip*
tendré que buscar otro empleo	*I'll have to look for another job*
voy a sentir su marcha	*I'll miss you*
nos veremos con frecuencia	*we'll see each other often*
¿Crees que Blanca	*Do you think Blanca*
aceptará marcharse de Segovia?	*will agree to leave Segovia?*
si me quiere, me seguirá	*if she loves me, she'll follow me*
me ha hablado mucho de usted	*she's told me a lot about you*
he recibido carta de ella	*I've had a letter from her*
le manda recuerdos	*she sends you her regards*
Has estado aquí con ella, ¿no?	*You've been here with her, haven't you?*
¿Volveremos a vernos pronto?	*Will we see each other again soon?*
Puede ser . . .	*Could be . . .*

How to talk about the past: recent actions *two*

SCENE

Alva and Dolores are visiting the historic buildings of Madrid. They are accompanied by the bodyguards.

Official   Lo siento, señores, la visita ya ha empezado.

Alva   ¿A qué hora es el próximo recorrido?

Official   Sobre las once.

Alva   Gracias.

Dolores   ¡Qué lástima!

Alva   Bueno, no tenemos prisa. Podemos dar un paseo por la plaza mientras tanto.
(They walk across the square)

Dolores   Hace calor, ¿verdad?

Alva   ¿Tiene usted calor? ¿Quiere sentarse?

Dolores   Sí.
(They sit down)

Dolores   *(Pointing to the bodyguards)* ¿Están siempre con usted?

Alva   *(Nodding)* Es una compañía poco agradable, pero necesaria. ¿No ha leído usted los periódicos, Dolores? En mi país hemos tenido una terrible revolución. Los enemigos del gobierno han tomado el poder ...

Dolores   Pero su país está muy lejos ... Sus enemigos no pueden llegar hasta aquí.

Alva   ¿Quién sabe? Los rebeldes me odian ...

Dolores   Pero, ¿por qué? ¿Qué ha hecho usted, Rodrigo?

Alva   ¿Qué he hecho? Cumplir con mi deber, Dolores, nada más.

Dolores   ¿Ha tenido algún puesto importante en el gobierno?

Alva   Sí, he sido Presidente de la República y antes Ministro de Orden Público ...

Dolores   ¿Jefe de Policía ...?

Alva   Algo así. Pero siempre he actuado con justicia y, sobre todo, con humanidad ...

Flashback to a South American prison where Alva is interrogating a prisoner.

Alva   Hola, Domínguez; ¿ha recobrado usted la memoria? ¿Sí? ¡Magnífico! Entonces ya puede contestar a mis preguntas. Primera: *(showing him a paper)* ¿quién ha escrito este manifiesto? Segunda: ¿cómo han conseguido las armas y la munición? Tercera: ¿dónde está el cónsul americano? ¿Qué ha dicho usted? No le oigo bien ... ¿Dónde han escondido al cónsul, Domínguez? *(He suddenly grabs the prisoner by the collar of his shirt)* Yo soy un hombre humanitario, amigo, pero ...

The square

Alva Créame, Dolores, yo soy un hombre humanitario . . .
Dolores Claro que le creo, pero, por favor, tenga cuidado . . .
Alva Lo tendré, no se preocupe.
Dolores Le necesito vivo, Rodrigo . . .
Alva Dolores . . . (*He takes her hand*)

WORDS AND PHRASES

ya ha empezado	*has already begun*
¿A qué hora es el próximo recorrido?	*What time is the next tour?*
sobre las once	*at about eleven*
¡Qué lástima!	*What a pity!*
podemos dar un paseo	*we can go for a walk*
mientras tanto	*meanwhile*
Hace calor, ¿verdad?	*It's hot, isn't it?*
¿Tiene usted calor?	*Are you feeling hot?*
los enemigos del gobierno han tomado el poder	*enemies of the government have taken control*
¿Quién sabe?	*Who knows?*
los rebeldes me odian	*the rebels hate me*
cumplir con mi deber	*done my duty*
algún puesto importante	*an important post*
siempre he actuado con justicia	*I've always acted justly*
¿Quién ha escrito este manifiesto?	*Who wrote this manifesto?*
¿Cómo han conseguido las armas y la munición?	*How did you get hold of the arms and ammunition?*
¿Qué ha dicho usted?	*What did you say?*
no le oigo bien	*I can't hear you very well*
¿Dónde han escondido al cónsul?	*Where have you hidden the consul?*
le necesito vivo	*I need you alive*

EXPLANATIONS

1 Irregular past participles

Some verbs do not form their past participles (the second element in the perfect tense) with the regular endings of -ado or -ido. Notice the following:

Infinitive	Past Participle
decir	dicho
hacer	hecho
ver	visto
escribir	escrito
volver	vuelto

No ha dicho nada.	*He didn't say anything.*
¿Qué ha hecho usted?	*What have you done?*
Le he visto esta mañana.	*I saw him this morning.*
Hemos escrito unas postales.	*We've written some postcards.*
Juan ha vuelto de Segovia.	*Juan has returned from Segovia.*

2 How to talk about the weather

'*What's the weather like?*' is ¿Qué tiempo hace?

Notice that where in English you use the verb 'to be', in Spanish you use 'hacer' (*to do, to make*). *For instance,*

hace buen tiempo	*the weather is good*
hace mal tiempo	*the weather is bad*
hace (mucho) frío	*it's (very) cold*
hace (mucho) calor	*it's (very) hot*
hace sol	*it's sunny*
hace fresco	*it's cool*
hace (mucho) viento	*it's (very) windy*

*Note that for '*It's raining*' you do **not** use* hace *but the verb* llover (ue) – *to rain:*

¿Llueve mucho aquí?	*Does it rain a lot here?*
¿Está lloviendo?	*Is it raining?*
Sí, está lloviendo mucho.	*Yes, it's raining hard.*

3 The four seasons

la primavera	*spring*
el verano	*summer*
el otoño	*autumn*
el invierno	*winter*

e.g.

¿Hace frío en invierno en el sur de España?	*Is it cold in winter in Southern Spain?*
¿Qué tiempo hace en primavera?	*What's the weather like in spring?*
En verano muchas personas van de vacaciones.	*A lot of people go on holiday in summer.*
Este otoño pasado ha llovido mucho.	*It rained a lot this last autumn.*

4 Expressions with 'tener'

You use the verb tener *for many expressions where you would use 'to be' in English. Here are some examples:*

tener frío	: *to be cold*	tengo mucho* frío.	*I'm very cold.*
tener calor	: *to be hot*	¿Tiene usted calor?	*Are you feeling hot?*

(*Remember to use* hace calor/frío *for 'it's hot/cold'*.)

tener hambre	*to be hungry*
tener sed	*to be thirsty*
tener prisa	*to be in a hurry*
tener razón	*to be right*
tener suerte	*to be lucky*
tener sueño	*to be sleepy*
tener cuidado	*to be careful*

Some examples:

No tengo mucha* hambre.	*I'm not very hungry.*
¿Tienen ustedes prisa?	*Are you in a hurry?*
¡Tenga cuidado!	*Be careful!*
Mi mujer siempre tiene razón.	*My wife is always right.*
¿Tiene usted sed? Sí, mucha.*	*Are you thirsty? Yes, very.*

* *Note that 'very' is 'mucho/a', not 'muy' with these expressions.*
Remember also: Juan tiene veinte años. *Juan is 20 years old.*

PRACTICE

Exercise 1 *Answer the question 'What have you done today?' using the expressions given. Check your answers in the key at the back of the book.*

¿Qué ha hecho usted hoy?	(visitar el museo)	Hoy he visitado el museo.
	(ver el palacio)	Hoy he visto . . . .
	(dar un paseo)	. . . .
	(escribir una carta)	. . . .
	(comprar unos regalos)	. . . .
	(volver de Madrid)	. . . .

Exercise 2 *Ask 'Why haven't you . . .?' using the expressions given. Check your answers in the key at the back of the book.*

venir antes	¿Por qué no ha venido usted antes?
traer las maletas	¿Por qué no ha traído . . . .?
escribir la postal	¿ . . . .?
decir la verdad	¿ . . . .?
ver la catedral	¿ . . . .?
hacer las maletas	¿ . . . .?

Exercise 3   *Say 'Yes, . . .' to the following questions:*

¿Tiene usted frío?   Sí, tengo mucho frío.
¿Tiene usted sueño?   Sí, ...
¿Tiene usted calor?   . . . .
¿Tiene usted suerte?   Sí, tengo mucha suerte.
¿Tiene usted hambre?   . . . .
¿Tiene usted sed?   . . . .
¿Tiene usted prisa?   . . . .

Exercise 4   *Describe the weather in the following drawings:*

KEY TO COMPREHENSION SCENE

Dolores arrives in Segovia to make her plans with Antonio and Ramiro. Overcoming Antonio's fears with the promise of money, she persuades him to look for a cellar in which to hide someone.

te recogeré en el hotel	*I'll pick you up at the hotel*
¿Quiere usted firmar la hoja de registro?	*Would you sign the register?*
lo he dejado en el coche	*I've left it in the car*
eso es muy arriesgado	*that's very risky*
cobrará el mismo dinero que nosotros	*you'll get the same money as us*
no tendrá que enfrentarse con ellos	*you won't have to face them*
¿ha vuelto la policía por aquí?	*have the police been here again?*
me parece que se equivoca	*I think you're mistaken*
Ramiro es un muchacho honrado	*Ramiro is an honest boy*
confieso que soy un poco cobarde	*I admit I'm a bit of a coward*
tiene que buscar un sótano	*you must look for a cellar*
una bodega subterránea	*an underground wine-cellar*
bajará dentro de diez minutos	*she'll be down in ten minutes*
esta casa parece deshabitada	*this house looks deserted*
¿Adónde llevarán estas escaleras?	*Where do these stairs lead to?*
está excavada en la roca	*it's hewn out of the rock*
¿Vendrá conmigo a Madrid?	*Will you come with me to Madrid?*

19 DIECINUEVE

How to talk about the past:
how long ago?

The Garaje Americano

Antonio Está bien, Ramiro. Si quiere marcharse, márchese. Yo no puedo obligarle a quedarse aquí. ¿Cuánto tiempo hace que trabajamos juntos? Tres meses, ¿no?

Ramiro Cuatro.

Antonio ¿Cuatro meses?

Ramiro Mayo, junio, julio y agosto. Hace cuatro meses que trabajo con usted.

Antonio ¡Cómo pasa el tiempo! (*Hands him his wages*) Bueno, aquí tiene el sueldo de septiembre.

Ramiro Muchas gracias.

Antonio La verdad es que esta temporada no hemos tenido mucho trabajo... Hace algún tiempo que no vienen coches de Madrid. Ni van a Salamanca...

Ramiro Por favor, don Antonio, no mencione más ese asunto.

Antonio Tiene usted razón. Es mejor olvidarlo. (*Inspector enters*) ¡Ah!, buenos días, inspector.

Inspector Buenos días. Perdonen ustedes... El coche que está fuera, ¿está a la venta?

Antonio ¿Cuál? (*Pointing*) ¿Ése? No señor.

Ramiro Es mío. ¿Le gusta?

Inspector Ah, ¿es suyo? No está mal... ¿Hace mucho tiempo que lo tiene?

Ramiro No, hace unas tres semanas.

Inspector (*To Antonio*) Vaya, paga usted muy bien a sus empleados.

Ramiro Bueno, lo he comprado de segunda mano.

Inspector ¿Dónde? ¿En Madrid?

Ramiro No, aquí en Segovia.

Inspector No parece un coche usado...

Ramiro Acabo de pintarlo.

Inspector ¡Ah!, claro... Por cierto, ¿recuerdan ustedes nuestra conversación sobre ese coche robado?

Antonio Sí. Ya hace mucho tiempo que lo buscan, ¿verdad?

Inspector Acabamos de encontrarlo. ¿Y saben ustedes dónde?

Antonio ¿Dónde?

Inspector En Salamanca. Ahora está pintado de rojo, naturalmente...

Antonio Eso no me sorprende. Los coches y el pelo de las mujeres siempre están cambiando de color.

Inspector (*Laughing*) Sí, es cierto. ¿Hace mucho tiempo que no va usted por Salamanca?

Antonio ¿Yo? Un momento... Creo que desde la primavera... Sí, eso es. Desde el mes de mayo no voy por allí.

Inspector ¿Está usted seguro?

Antonio   Sí, completamente seguro.
Inspector   Ya . . . (*To Ramiro*) ¿Y usted?
Ramiro   Yo no he estado nunca en Salamanca.
Inspector   No, claro, usted no. Bueno, señores, hasta pronto. (*He leaves*).

WORDS AND PHRASES

no puedo obligarle a quedarse aquí	*I can't force you to stay here*
¿Cuánto tiempo hace	*How long*
que trabajamos juntos?	*have we been working together?*
Hace cuatro meses	*I've been working with you*
que trabajo con usted	*for four months*
el sueldo de septiembre	*your wages for September*
Hace algún tiempo que	*It's been some time since*
no vienen coches de Madrid	*any cars have come from Madrid*
Ni van a Salamanca	*Or gone to Salamanca*
es mejor olvidarlo	*it's better to forget it*
¿está a la venta?	*is it for sale?*
¿Hace mucho tiempo que lo tiene?	*Have you had it very long?*
No, hace unas tres semanas	*No, for about three weeks*
Acabo de pintarlo	*I've just sprayed it*
Ya hace mucho tiempo	*You've been looking for it*
que lo buscan, ¿verdad?	*for quite some time, haven't you?*
Acabamos de encontrarlo	*We've just found it*
(el) pelo	*hair*
¿Hace mucho tiempo que	*Has it been a long time since*
no va usted a Salamanca?	*you last went to Salamanca?*

EXPLANATIONS

1 hace

Hace *means 'ago', e.g.*

¿Cuánto tiempo hace?	*How long ago?*

Hace	tres horas	*Three hours ago*
	dos semanas	*Two weeks ago*
	cuatro años	*Four years ago*

2 hace ... que ...

If you want to talk about for how long *something has been happening, you use* Hace ...
que ..., *e.g.*

¿Cuánto tiempo **hace que** trabaja usted en España?
How long have you been working in Spain?

Hace tres años **que** trabajo aquí.
I've been working here for three years.

¿Cuanto tiempo **hace que** están casados
How long have you been married?

Hace siete años **que** estamos casados.
We've been married seven years.

Notice that in Spanish you use the present tense. Here are some other examples:

Hace	tres días dos semanas seis meses diez años	que	estoy en España estudio español espero carta de él vivo en Londres

If you want to talk about how long it is since something last happened, you use Hace ...
que ... *with a verb in the negative: e.g.*

¿**Hace** mucho tiempo **que no** va usted a Salamanca?
Is it a long time since you last went to Salamanca?

Hace algún tiempo **que no** vienen coches de Madrid.
It's been some time since any cars came from Madrid.

3 How to talk about having just ...

Use the verb acabar de *followed by an infinitive, e.g.*

acabo de llegar	*I've just arrived*
Alicia acaba de salir	*Alicia's just gone out*
¿Acaba usted de comprarlo?	*Have you just bought it?*
acabamos de encontrarlo	*we've just found it*
acaban de llamar por teléfono	*they've just telephoned*
¿Acaban ustedes de comer?	*Have you just eaten?*

4 How to say 'It's necessary to ... /important to ... /better to ...'

You can use these impersonal expressions followed by an infinitive:

Es	necesario importante mejor	olvidarlo quedarse aquí llamar al dueño	*... to forget it* *... to stay here* *... to call the proprietor*

PRACTICE

Exercise 1   *Ask 'How long have you . . .?'*

vivir en Londres   ¿Cuánto tiempo hace que vive usted en Londres?
estar en España   ¿Cuánto tiempo hace que . . . .?
estudiar español   ¿. . . . .?
trabajar aquí   ¿. . . . .?
tener este coche   ¿. . . . .?
estar enfermo   ¿. . . . .?
estar casado   ¿. . . . .?

Exercise 2   *Say 'I have been . . . for two years'*

vivir en Londres   Hace dos años que vivo en Londres.
estar en España   Hace dos años que . . . .
estudiar español   . . . .
trabajar aquí   . . . .
tener este coche   . . . .
estar enfermo   . . . .
estar casado   . . . .

Exercise 3   *Say 'They have been here for . . .'*

un mes   Hace un mes que están aquí.
una semana   Hace . . . . . . que están aquí.
un año   . . . . que . . . .
pocos días   . . . .
diez días   . . . .
mucho tiempo   . . . .
más de una semana   . . . .
menos de un mes   . . . .

Exercise 4   *Say that you have just done the following things.*

llegar al hotel   Acabo de llegar al hotel.
pedir la cena   Acabo de . . . .
terminar el trabajo   . . . .
telefonear a casa   . . . .
sacar los billetes   . . . .
pagar la cuenta   . . . .

Exercise 5   *Now say 'We' have just done the following.*

tomar café   Acabamos de tomar café.
visitar a María   Acabamos de . . . .
comprar un periódico   . . . .
echar las cartas   . . . .
reservar una habitación . . . .
mandar un telegrama   . . . .
llamar a un médico   . . . .

KEY TO COMPREHENSION SCENE

Ramiro says goodbye to his friends in Segovia and, with some misgivings, sets off to Madrid with Dolores.

este hombre sospecha algo	*this man suspects something*
pero no tiene pruebas	*but he hasn't any proof*
yo lo cuidaré	*I'll look after it*
un almuerzo de despedida	*a farewell lunch*
la voy a echar de menos	*I'm going to miss her*
me gusta Segovia hoy más que nunca	*I like Segovia more than ever today*
siempre has soñado con este momento	*you've always dreamt of this moment*
No llevo pistola, ¿lo ve?	*I'm not carrying a gun, look.*
¡Socorro!	*Help!*
¡Llamen a un médico en seguida!	*Call a doctor at once!*

20 VEINTE
Revision

EXPLANATIONS

1 Important verbs

In earlier programmes you have met some form of all the verbs listed below. They are extremely useful and it is worth learning the full present tense.

SABER	DAR	VER	HACER	*Infinitive*
to know	*to give*	*to see*	*to do or make*	
sé	doy	veo	hago	*I*
sabes	das	ves	haces	*you (fam)*
sabe	da	ve	hace	*you/he/she*
sabemos	damos	vemos	hacemos	*we*
saben	dan	ven	hacen	*they*
				Imperatives
—	dé	vea	haga	*(singular)*
—	den	vean	hagan	*(plural)*

VENIR	DECIR	SALIR	TRAER	*Infinitive*
to come	*to say or tell*	*to go out*	*to fetch or bring*	
vengo	digo	salgo	traigo	*I*
vienes	dices	sales	traes	*you (fam.)*
viene	dice	sale	trae	*you/he/she*
venimos	decimos	salimos	traemos	*we*
vienen	dicen	salen	traen	*they*
				Imperatives
venga	diga	salga	traiga	*(singular)*
vengan	digan	salgan	traigan	*(plural)*

e.g. ¿Cómo dice?
I beg your pardon?

¿Qué dice usted?   Digo que no tengo dinero.
What did you say?   *I said I've got no money.*

¿Sabe dónde está la estación? No, no sé.
Do you know where the station is? *No, I don't know.*

Mi marido sabe mucho de coches. Salgo el día cuatro.
My husband knows a lot about cars. *I'm leaving on the fourth.*

2 Pronouns

You saw in chapter 9, note 6, that pronouns go immediately in front of the verb, unless this is in the infinitive. In chapter 9 all the examples shown were in the present tense. Here are some examples using the future and perfect tenses and the personal pronouns set out in chapter 17.

Me llamarán a las seis.   *They'll ring me at six.*
Me han llamado a las seis.   *They rang me at six.*

La llevaré a ver la exposición.	*I'll take her to see the exhibition.*
La he llevado a ver la exposición.	*I took her to see the exhibition.*
Nos esperarán en la estación.	*They'll wait for us at the station.*
No nos han esperado en la estación.	*They didn't wait for us at the station.*
Le invitaré a cenar en casa.	*I'll invite him to dinner at home.*
Le he invitado a cenar en casa.	*I invited him to dinner at home.*
Les visitará mañana en el hotel.	*He'll visit them tomorrow in the hotel.*
No les ha visitado ayer en el hotel.	*He didn't visit them yesterday in the hotel.*

Notice that in the perfect tense the pronoun always comes before the haber *form.*

With imperatives that are positive, the pronoun goes on the end: e.g.

Espéreme usted.	*Wait for me.*
Mírelo.	*Look at it.*
Déle una propina.	*Give him a tip.*

With imperatives that are negative, the pronoun goes in front: e.g.

No me espere usted.	*Don't wait for me.*
No lo mire.	*Don't look at it.*
No le dé propina.	*Don't give him a tip.*

3 How to talk about doing something again

You can use a verb followed by otra vez *('again'), e.g.*

Le veré mañana otra vez.	*I'll see you again tomorrow.*
Estaré aquí otra vez a las ocho.	*I'll be here again at eight.*

OR *you can use the verb* volver a (*literally 'return to'*) *followed by an infinitive, e.g.*

Volveré a verle mañana.	*I'll see you again tomorrow.*
Volveré a estar aquí a las ocho.	*I'll be here again at eight.*

PRACTICE

Exercise 1 *Say that you do these things every evening.*

(a)

dar un paseo	Doy un paseo todas las tardes.
venir al hotel	Vengo al hotel . . . .
salir de casa	. . . . . . de casa . . . .
ver a mis amigos	. . . .
hacer la comida	. . . .
ir a la iglesia	. . . .
venir a esta taberna	. . . .
dar una vuelta (*to take a walk*)	. . . .

(b)

dar un paseo	Damos un paseo todas las tardes.
venir al hotel	Venimos al hotel . . . .
salir de casa	. . . . de casa . . . .
ver a mis amigos	. . . .
hacer la comida	. . . .
ir a la iglesia	. . . .
venir a esta taberna	. . . .
dar una vuelta	. . . .

Exercise 2   *Answer the question 'Would you like to . . .?', saying that you have already done it. Use the appropriate pronouns. Check your answers in the key at the back of the book.*

¿Quiere usted hacer las maletas?	Ya las he hecho.
¿Quiere usted recoger los billetes?	Ya los he . . . . . .
¿Quiere usted ver la catedral?	. . . .
¿Quiere usted cerrar la puerta?	. . . .
¿Quiere usted probar el vino?	. . . .
¿Quiere usted escribir la postal?	. . . .
¿Quiere usted leer el periódico?	. . . .

Exercise 3   *Say that you did these things again this morning. Use the appropriate form of the pronouns. Check your answers in the key at the back of the book.*

ver a Juan	Le he vuelto a ver esta mañana.
pedir la cuenta	. . he vuelto a pedir . . . . . esta mañana.
recibir a mis amigas	. . . .
escribir a sus padres	. . . .
hacer el equipaje	. . . .
leer la novela	. . . .

Exercise 4   *Make these phrases into commands using the appropriate pronouns. Check your answers in the key at the back of the book.*

(a)

escribir a Juan	Escríbale usted.
traer las maletas	Tráigalas usted.
esperar a María	. . . .
reservar una habitación	. . . .
echar la carta	. . . .
hacer el equipaje	. . . .

(b)

escribir a Juan	No le escriba usted.
traer las maletas	No las . . . .
esperar a María	. . . .
reservar una habitación	. . . .
echar la carta	. . . .
hacer el equipaje	. . . .

KEY TO COMPREHENSION SCENE

The police are now investigating the incident at the Hotel Ritz in which Alva's bodyguards were killed and Dolores wounded. The Chief Inspector is anxious about Dolores' association with Alva but Alva assures him of her innocence. Dolores moves into a flat and tells Ramiro she needs his help for the next stage in her plans.

(el) informe	*report*
matan a sus acompañantes	*kill his companions*
hieren a una mujer	*wound a woman*
necesito descansar	*I need to rest*
(el) comisario	*chief inspector*
hemos pedido discreción a la prensa	*we asked the press to be discreet*
Quisiera pedirle lo mismo a usted	*I'd like to ask the same of you*
¿Volverá usted a verle pronto?	*Will you see him again soon?*
tengo miedo	*I'm afraid*
he decidido dejar el hotel	*I've decided to leave the hotel*
esos hombres han desaparecido	*those men have disappeared*
la clave está aquí en el hotel	*the key to the matter is here in the hotel*
eso no tiene sentido	*that doesn't make sense*
los asesinos por poco la matan a ella	*the assassins almost killed her*
me trasladaré a un piso	*I'm going to move to a flat*
Voy a secuestrar a Rodrigo Alva	*I'm going to kidnap Rodrigo Alva*
tendremos a Alva encerrado	*we'll keep Alva prisoner*
hasta que pague	*till he pays*

How to talk about the past:
descriptions

SCENE

A telephone kiosk. One of the waiters who attacked Alva is on the 'phone.

Gómez   Oiga, oiga . . . Sí, dígame . . . Sí, Daniel, soy yo . . . Desde un teléfono público . . . He ido varias veces a la cafetería, pero usted no estaba allí . . . ¿Cómo? . . . No, no había nadie. ¿Ya tiene mi pasaporte, Daniel? . . . ¿Qué? . . . Pero, ¿cuándo? Tiene que ser pronto . . . De acuerdo, a las cuatro.

(He rings off. As he leaves the kiosk, he is seized)

An interview room at police headquarters

Inspector   *(Looking at identity card)* Tomás Gómez, natural de Bilbao, profesión camarero.

Gómez   No señor, yo no soy camarero. Soy camionero.

Inspector   *(Looking at card again)* Ah, camionero, sí. Es que, verá usted, dos camareros han intentado asesinar al ex-presidente de la República de Bayaguena. ¿Lo sabía?

Gómez   No señor, no lo sabía.

Inspector   No, claro. Ni los periódicos ni la radio han dado la noticia. Pero yo le voy a informar a usted. *(Gómez wriggles in his chair)* ¿Está incómodo?

Gómez   No, no señor.

Inspector   Bien. Martes, día quince, hora de cenar. El presidente Alva estaba en su habitación del hotel . . . A propósito, ¿qué hacía usted el martes a esa hora? ¿Lo recuerda?

Gómez   ¿El martes pasado?

Inspector   Sí.

Gómez   Pues . . . sobre las diez y media creo que estaba con un amigo en un bar.

Inspector   ¿En qué bar estaban ustedes?

Gómez   No recuerdo el nombre.

Inspector   ¿Y quién era ese amigo?

Gómez   Se llama . . .

Inspector   *(Interrupting him)* Bueno, ahora no se preocupe. El señor Alva tenía dos ayudantes. Ahora están muertos, ¿sabe? Probablemente un crimen político. ¿Conoce usted Bayaguena?

Gómez   No señor.

Inspector   ¿No tiene amigos allí?

Gómez   No señor.

Inspector   Por favor, ¿quiere hablar un poco más alto? No le oigo bien.

Gómez   Digo que no tengo amigos en Bayaguena.

Inspector   No estará usted nervioso, ¿verdad?

Gómez   No señor, no estoy nervioso.

Inspector Claro. No hay motivo para temer a la policía cuando no se ha cometido
ningún delito. Y usted me ha dicho que no tiene nada que ver con el
homicidio, ¿verdad?

Gómez Señor comisario, yo ...
*(The inspector leaves him, goes over to clerk, talks to him. Then turns to
Gómez)*

Inspector Está bien, puede marcharse.

WORDS AND PHRASES

pero usted no estaba allí	*but you weren't there*
no había nadie	*there was no one*
natural de Bilbao	*born in Bilbao*
(el) camionero	*lorry driver*
¿Lo sabía?	*Did you know?*
No lo sabía	*I didn't know (about it)*
Ni los periódicos ni la radio	*Neither the newspapers nor the radio*
han dado la noticia	*gave out the news*
pero yo le voy a informar a usted	*but I'm going to tell you about it*
estaba en su habitación	*was in his room*
¿qué hacía usted el martes	*what were you doing on Tuesday*
a esa hora?	*at that time?*
¿Lo recuerda?	*Do you remember?*
creo que estaba con un amigo	*I think I was with a friend*
en un bar	*in a bar*
se llama ...	*he's called ...*
el señor Alva tenía dos ayudantes	*Señor Alva had two assistants*
¿Conoce usted Bayaguena?	*Do you know Bayaguena?*
no le oigo bien	*I can't hear you very well*
no hay motivo para temer	*there's no reason to be afraid*
a la policía	*of the police*
cuando no se ha cometido	*if you've not committed*
ningún delito	*a crime*

EXPLANATIONS

1 How to describe a situation in the past

There is a special tense for this, called the Imperfect. It is used to describe a situation or state in the past without referring to a very particular time. Once again there are two patterns of endings: one for -ar verbs, and the other for -er and -ir verbs:

ESTAR				TENER		
	aba	estaba		ía	tenía	*I*
	abas	estabas		ías	tenías	*you (fam.)*
Est-	aba	estaba	Ten-	ía	tenía	*he/she/you*
	ábamos	estábamos		íamos	teníamos	*we*
	aban	estaban		ían	tenían	*they*

For instance:

El señor Alva estaba en su habitación.
Señor Alva was in his room.

El señor Alva tenía dos ayudantes.
Señor Alva had two assistants.

No lo sabía.
I didn't know.

Hacía sol.
It was sunny.

Most verbs are regular in the imperfect tense. However the important verb **ser** is not:

SER

era	*I*	
eras	*you (fam.)*	
era	*he/she/you*	e.g. ¿Quién era su amigo? *Who was your friend?*
éramos	*we*	
eran	*they*	No eran estudiantes. *They weren't students.*

2 Había

This is the imperfect of **hay** ('there is', 'there are'). **Había** therefore means 'there was', 'there were'; e.g.

No había nadie allí.
There was no one there.

Había muchas personas en la Plaza Mayor.
There were a lot of people in the main square.

3 'Either . . . or' and 'Neither . . . nor'

Use:	O . . . o . . .
and:	Ni . . . ni . . .
e.g.	O Pedro o Juan.

O me cambian ustedes de habitación o me cambio de hotel.
Either you change my room or I'll change my hotel.

Ni Pedro ni Juan.

Ni los periódicos ni la radio han dado la noticia.
Neither the newspapers nor the radio have given the news.

PRACTICE

Exercise 1 *Put these sentences into the imperfect tense:*

Juan tiene calor.	Juan tenía calor.
Alva no está en su habitación.	Alva . . . .
El piso tiene muebles.	. . . .
Mis amigos no están allí.	. . . .
Hay muchos turistas en la catedral.	. . . .
Hace mucho sol.	. . . .
Es una situación muy difícil.	. . . .

Exercise 2 *Use the appropriate form of* ser, estar *or* tener *in the imperfect tense in the following sentences.* (*You may wish to revise the relevant sections of the explanations in chapters 7 and 18.*) *Check your answers in the key at the back of the book.*

¿Dónde . . . . las llaves?
¿De dónde . . . . . . sus amigos?
Las calles . . . . muy estrechas.
María . . . . mucha prisa.
Nosotros . . . . muy contentos.
¿Cómo . . . . sus padres?
Los dueños de la tienda . . . . enfermos, y por tanto la tienda . . . .
  cerrada.
¿ . . . . la hora de cerrar?
Yo . . . . mucha sed.
Todos nosotros . . . . mucho sueño.
María . . . . mucha prisa.
El señor Alva . . . . antes jefe de policía.
¿Qué hora . . . . ?
Los niños . . . . mucha hambre.
Todos los lavabos . . . . ocupados.

Exercise 3   *Describe the situation in the drawing, using the imperfect tense, e.g. 'It was hot and there were a lot of tourists . . .'.*

KEY TO COMPREHENSION SCENE

Dolores explains to Gálvez and Ernesto that she thinks the chief inspector suspects her. She suggests that they do nothing until the two men who attacked Alva have been arrested. Meanwhile they can continue their planning. She explains how she persuaded Ramiro to work with them.

el comisario sospecha de mí	*the chief inspector suspects me*
¡Pero a ti te han herido!	*But they wounded you!*
no tardará en descubrir a esos hombres	*he won't take long to find those men*
en ese momento dejará de vigilarme	*then he'll stop having me watched*
pero mientras tanto . . .	*but meanwhile . . .*
el chico colaborará	*the boy will work with us*
voy a secuestrar a Rodrigo Alva	*I'm going to kidnap Rodrigo Alva*
tengo preparado un sótano en Segovia	*I've got a cellar ready in Segovia*
Alva confía en mí	*Alva trusts me*
una cura especial en un balneario	*a special cure at a spa*
te conozco porque te quiero	*I know you because I love you*
es que un secuestro es un delito muy grave	*the thing is, kidnapping is a very serious offence*
¿No estarás celosa?	*You wouldn't be jealous?*
¿Quieres casarte conmigo?	*Will you marry me?*

How to talk about the past: specific moments in time *one*

SCENE

An identity parade at police headquarters. The men lined up are all dressed as waiters.

Inspector   ¿Están aquí los agresores? ¿Puede usted reconocerlos, señorita Fuentes?

Dolores   Sí.

Inspector   Señálelos, por favor.

Dolores   (*Pointing*) Éste y éste.

Inspector   Un paso al frente. (*The two men step forward*) ¿Cuándo vio a estos hombres por primera vez?

Dolores   El martes pasado, por la noche.

Inspector   ¿Dónde?

Dolores   En el Hotel Ritz.

Inspector   ¿Quiere decirme exactamente lo que pasó la noche del martes?

Dolores   Pues, yo llamé por teléfono al señor Alva a eso de las diez y media. Hablé con él un rato y me invitó a cenar. Salí de mi habitación sobre las once. Cuando estábamos en la sala llegaron esos dos . . .

Inspector   ¿Estaban vestidos de camareros?

Dolores   Sí, igual que ahora. Por eso el señor Alva los recibió sin sospechar nada.

Gómez   ¡Eso no es verdad!

Martín   ¡Yo no he estado nunca en el Hotel Ritz!

Inspector   (*Ignoring them*) Continúe, señorita. Los camareros llegaron con la cena y ustedes . . .

Dolores   Y nosotros no comimos nada porque cada uno de estos hombres tenía una pistola en la mano y . . .

Inspector   ¿Y . . .?

Dolores   Bueno, luego las cosas pasaron muy de prisa . . .

Inspector   ¿Quiere usted sentarse? (*Alva enters*) Buenos días, excelencia.

Alva   Buenos días, comisario.

Inspector   ¿Conoce usted a alguno de estos hombres? (*Alva walks along the line of 'waiters'. He identifies the same two men as Dolores*) Estos 'caballeros' no saben lo que pasó el martes, día quince, en el Hotel Ritz . . .

Alva   ¿Ah, no? Pues yo les refrescaré la memoria. El martes por la noche yo recibí a estos 'caballeros' en mis habitaciones . . .

Gómez   ¡Eso no es cierto! ¡No es cierto! ¡Yo no he matado a nadie!

Martín   ¡El martes pasado yo no salí de mi casa!

Alva   Son éstos, no hay duda. (*He smiles grimly*)

WORDS AND PHRASES

los agresores	*the attackers*
¿Puede usted reconocerlos?	*Can you recognize them?*
señálelos	*point them out*
¿Cuándo vio a estos hombres por primera vez?	*When did you see these men for the first time?*
... lo que pasó la noche del martes	*... what happened on Tuesday night*
yo llamé por teléfono	*I rang (telephoned)*
hablé con él un rato	*I talked to him for a while*
me invitó a cenar	*he invited me to dinner*
salí de mi habitación	*I left my room*
... los recibió sin sospechar nada	*... let them in without suspecting anything*
los camareros llegaron con la cena	*the waiters arrived with the dinner*
y nosotros no comimos nada	*and we didn't eat anything*
luego las cosas pasaron muy de prisa	*then things happened very quickly*
pues yo les refrescaré la memoria	*then I'll refresh your memory*
¡Eso no es cierto!	*That isn't true!*
¡Yo no he matado a nadie!	*I haven't killed anyone!*
yo no salí de mi casa	*I didn't leave home*

EXPLANATIONS

1 How to talk about past actions at specific moments in time
For this use the 'preterite' tense. It is formed as follows:

-ar *verbs*

HABLAR

habl-	é	hablé	*I*
	aste	hablaste	*you (fam.)*
	ó	habló	*he/she/you*
	amos	hablamos	*we*
	aron	hablaron	*they/you (pl.)*

-er *and* -ir *verbs*

	COMER	SALIR	
í	comí	salí	*I*
iste	comiste	saliste	*you (fam.)*
ió	comió	salió	*he/she/you*
imos	comimos	salimos	*we*
ieron	comieron	salieron	*they/you (pl.)*

com-
sal-

An expression of time often accompanies the verb, e.g.

¿Cuándo vio a estos hombres por primera vez?
When did you see these men for the first time?

Llamé por teléfono al señor Alva a eso de las diez y media.
I telephoned señor Alva at about 10.30.

Salí de mi habitación sobre las once.
I left my room at about 11.00.

Estos 'caballeros' no saben lo que pasó el martes.
These 'gentlemen' don't know what happened on Tuesday.

Anoche llegué* muy tarde al hotel.
I arrived at the hotel very late last night.

Pagué* la cuenta antes de marcharme.
I paid the bill before leaving.

* *The preterite of* llegar *is* llegué, llegaste, llegó *etc., i.e. the* u *appears only in*
llegué. *The same happens with* pagar: pagué, pagaste, pagó, *etc.*

2 First, second, third, fourth, last

primero   segundo   tercero   cuarto   último

The endings of these adjectives change according to the noun they accompany, e.g.

por primera vez	*for the first time*
Mi habitación está en	*My room is on*
el segundo piso.	*the second floor.*
Tome la tercera calle a la derecha.	*Take the third street on the right.*
Éste es el cuarto coñac	*This is the fourth brandy*
que tomo hoy.	*I've had today.*
Llegaron los últimos.	*They were the last to arrive.*

primero *and* tercero *become* primer *and* tercer *in front of a masculine singular noun, e.g.*

La oficina está en el primer piso.	*The office is on the first floor.*
El tercer hombre.	*The third man.*

PRACTICE

Exercise 1   *Say what you did yesterday at eleven, using the expressions given. Check your answers in the key at the back of the book.*

(*a*)

salir de casa	Ayer salí de casa a las once.
tomar la cena	Ayer tomé . . . . . a las once.
ver a Juan	. . . .
llamar por teléfono a mi jefe	. . . .
recibir una carta	. . . .
llegar al hotel	. . . .
comprar un periódico	. . . .
volver a casa	. . . .
visitar a mis amigos	. . . .
recoger los billetes	. . . .
pagar la cuenta	. . . .
hablar con ese señor	. . . .

(*b*) *Do the same, saying 'We . . .'*

salir de casa	Ayer salimos de casa a las once.
tomar la cena	Ayer tomamos . . . . . a las once.
ver a Juan	. . . .
llamar por teléfono a mi jefe	. . . .
recibir una carta	. . . .
llegar al hotel	. . . .
comprar un periódico	. . . .
volver a casa	. . . .
visitar a mis amigos	. . . .
recoger los billetes	. . . .
pagar la cuenta	. . . .
hablar con ese señor	. . . .

Exercise 2   *Ask 'What time did you . . .?', using the expressions given. Check your answers in the key at the back of the book.*

llegar a casa	¿A qué hora llegó usted a casa?
pasar por el centro	¿A qué hora . . . .?
tomar el desayuno	¿ . . . .?
salir del hotel	¿ . . . .?
echar las cartas	¿ . . . .?
recibir el telegrama	¿ . . . .?
recoger a sus amigos	¿ . . . .?
volver a la estación	¿ . . . .?
pagar la habitación	¿ . . . .?
ver a sus amigos	¿ . . . .?
visitar el castillo	¿ . . . .?
llamar a la policía	¿ . . . .?
hablar con el médico	¿ . . . .?

KEY TO COMPREHENSION SCENE

Ramiro discovers who else is involved in Dolores' plans. Together with Dolores he visits Alva's new flat. Alva receives news from South America.

obras de arte	*works of art*
el comisario ya no puede sospechar de mí	*the inspector can't suspect me any longer*
podremos empezar en seguida	*we'll be able to begin at once*
Dolores y Ramiro traerán a Alva aquí	*Dolores and Ramiro will bring Alva here*
Alva estará conmigo mientras preparamos el viaje	*Alva will stay with me while we prepare for the journey*
y luego Ramiro y Ernesto le llevarán a Segovia	*and then Ramiro and Ernesto will take him to Segovia*
Antonio y Ramiro vigilarán a Alva en Segovia	*Antonio and Ramiro will guard Alva in Segovia*
mientras nosotros cobramos	*while we get the money*
a mí me conoce mucha gente	*a lot of people know me*
quiero estar a solas con Alva	*I want to be alone with Alva*
y tiene una hoja muy afilada	*and it's got a very sharp blade*
¿Significa realmente algo para usted?	*Does he really mean anything to you?*
¿Por qué no deja usted a Ramiro?	*Why don't you leave Ramiro?*
a usted le protegen dos hombres	*two men protect you*
Ramiro me protege a mí	*Ramiro protects me*

How to talk about the past: specific moments in time *two*

SCENE

The 'Garaje Americano'. Antonio is working on a car and doesn't hear the inspector enter.

Inspector ¿Está usted muy ocupado?

Antonio (*Without looking up*) Un momento, por favor.

Inspector No hay prisa.

Antonio ¡Ah!, es usted, inspector. ¿En qué puedo servirle?

Inspector Pues, quisiera completar una información...

Antonio ¿Completar, dice usted...?

Inspector Sí. La última vez que estuve aquí, nuestra conversación fue muy corta...

Antonio La verdad es que ya no me acuerdo...

Inspector Yo le refrescaré la memoria, no se preocupe. Yo estuve aquí el día tres de este mes; usted estaba con el mecánico...

Antonio Sí, es verdad, ese día se marchó Ramiro a Madrid...

Inspector ¿Cómo? ¿Ya no trabaja con usted ese chico?

Antonio El negocio no va bien, inspector. Para hacer esto (*Pointing to the job in hand*) no necesito empleados.

Inspector No, claro... Fueron más importantes las reparaciones que hizo usted en julio...

Antonio ¿En julio? Pues sí... A mediados de julio tuve que hacer varios trabajos...

Inspector Urgentes.

Antonio Sí, esos días vinieron unos cuantos clientes con prisa, y el mecánico y yo estuvimos muy ocupados... Ahora me acuerdo.

Inspector ¿Qué hace el chico en Madrid?

Antonio Estará buscando trabajo, me imagino.

Inspector ¿De mecánico?

Antonio Sí, supongo que sí...

Inspector ¿Tiene usted su dirección?

Antonio No. El día que se marchó me dijo: 'Le mandaré una postal, don Antonio'. Pero se ha olvidado de escribirme...

Inspector Ya... Usted también se ha olvidado de algo...

Antonio ¿Yo? Es muy posible. Ya sabe que tengo mala memoria...

Inspector Muy mala. En nuestra última entrevista usted no me dijo la verdad...

Antonio Estoy seguro de que le dije la verdad, inspector.

Inspector Usted no fue a Salamanca en el mes de mayo, como me dijo entonces. Usted fue a Salamanca en el mes de julio.

Antonio Cuando se viaja mucho es difícil acordarse de las fechas de los viajes...

Inspector (*Looking in his notebook*) Usted llevó un coche a Salamanca el día once de julio, por la noche.

Antonio   Puede ser . . . Por esas fechas, el chico y yo hicimos varias reparaciones
            para un taller de Salamanca y . . .
Inspector El once de julio no hicieron ustedes reparaciones, amigo Antonio.
            Esa noche, ustedes pintaron un coche de rojo.
Antonio   De rojo . . .
Inspector Cierre la puerta y vamos a su oficina.

The garage office, later
Antonio   (*Tiredly*) Sí, confieso que a mediados de julio fui a Salamanca con un
            coche robado y lo vendí allí.
Inspector ¿Y antes?
Antonio   Antes hice algunas modificaciones en otros coches.
Inspector También robados.
Antonio   Sí, señor.
Inspector Y Ramiro fue a Madrid a recoger los coches, ¿no?
Antonio   Sólo el último. Pero el muchacho es inocente.
Inspector ¿Inocente? ¿Cuándo empezó Ramiro a trabajar con usted?
Antonio   Estuvo en el Taller Castilla hasta principios de mayo; después vino a
            trabajar aquí.
Inspector Para ayudarle a modificar coches . . .
Antonio   En esos momentos yo no fui sincero con él. El chico era mi empleado,
            e hizo lo que le ordené. Tuvo que hacerlo . . .
Inspector (*Looking sceptical*) Apague la luz y acompáñeme.

WORDS AND PHRASES

la última vez que estuve aquí	*the last time I was here*
nuestra conversación fue	*our conversation was*
muy corta	*very brief*
yo estuve aquí el día tres	*I was here on the third*
ese día se marchó Ramiro a Madrid	*that day Ramiro left for Madrid*
las reparaciones que hizo usted en	*the repairs you did in July*
julio fueron más importantes	*were more important*
a mediados de julio	*in the middle of July*
tuve que hacer varios trabajos	*I had to do a variety of jobs*
vinieron unos cuantos clientes	*quite a few clients came with*
con prisa	*urgent jobs*
estuvimos muy ocupados	*we were very busy*
el día que se marchó me dijo	*the day he left he said to me*
usted no me dijo la verdad	*you didn't tell me the truth*
estoy seguro de que le dije la verdad	*I'm certain I told you the truth*
usted no fue a Salamanca	*you didn't go to Salamanca*
como me dijo entonces	*as you told me then*

hicimos varias reparaciones	*we did various repairs*
no hicieron ustedes reparaciones	*you didn't do any repairs*
ustedes pintaron un coche de rojo	*you sprayed a car red*
fui a Salamanca con un	*I went to Salamanca with*
coche robado	*a stolen car*
y lo vendí allí	*and sold it there*
antes hice algunas modificaciones	*earlier I made various changes*
después vino a trabajar aquí	*then he came to work here*
yo no fui sincero con él	*I wasn't honest with him*
hizo lo que le ordené	*he did what I told him to*
tuvo que hacerlo	*he had to do it*
apague la luz	*turn out the light*

EXPLANATIONS

1 How to talk about specific moments in the past

In the previous chapter we saw that you use the 'preterite' tense to describe actions at specific moments in time. We saw how the regular forms of this tense are formed with -ar, -er and -ir verbs. A number of verbs, however, have irregular forms in the preterite. Here are the preterites of some of the verbs you are likely to need:

ESTAR	TENER	SER/IR*	
estuve	tuve	fui	*I*
estuviste	tuviste	fuiste	*you (fam.)*
estuvo	tuvo	fue	*he/she/you*
estuvimos	tuvimos	fuimos	*we*
estuvieron	tuvieron	fueron	*they*

VENIR	HACER	DECIR	
vine	hice	dije	*I*
viniste	hiciste	dijiste	*you (fam.)*
vino	hizo	dijo	*he/she/you*
vinimos	hicimos	dijimos	*we*
vinieron	hicieron	dijeron	*they*

* *Notice that the preterite of* ser *is the same as that of* ir; *the context makes it clear which verb is used, e.g.*

Nuestra estancia en España fue muy corta.
Our stay in Spain was very short.

Mi padre fue a Andalucía hace dos meses.
My father went to Andalusia two months ago.

2 'Have you been to . . . ?'

Use the verb estar, e.g.

¿ Ha estado usted en Galicia?
Have you been to Galicia?

In the answer you can use the preterite tense:

Sí, estuve hace seis meses.
Yes, I was there six months ago.

PRACTICE

Exercise 1   *Say what you did last year, using the expressions given. Check your answers in the key at the back of the book.*

(*a*)

estar en Sevilla	El año pasado estuve en Sevilla.
ir a Cataluña	El año pasado . . . .
venir a España	. . . .
tener que viajar mucho	. . . .
hacer un recorrido de Andalucía	. . . .
estar en el mismo hotel	. . . .

(*b*) *Now with the 'we' form:*

estar en Madrid	El año pasado estuvimos en Madrid.
ir a la Costa Brava	El año pasado . . . .
venir a este hotel	. . . .
tener que quedarse en casa	. . . .
hacer un viaje interesante	. . . .
estar un mes en Canarias	. . . .

Exercise 2   *Complete this narrative, using the appropriate form of the perfect, imperfect or preterite tense of the verbs in brackets. Check your answers in the key at the back of the book.*

El sábado pasado (venir) a España. El avión (llegar) con mucho retraso porque (haber) niebla en Londres y el avión no (salir) hasta las diez de la noche. (Tomar) un taxi y (ir) directamente al hotel, que (estar) muy lejos del aeropuerto. Como (ser) de noche no (haber) nadie en el hotel y (tener) que llamar varias veces. Cuando por fin (venir) el encargado me (decir) que no (tener) reservada ninguna habitación para mí. Afortunadamente yo (tener) la copia de su carta. Entonces me (llevar) a una habitación.

Esta mañana (levantarse) muy temprano porque no (dormir) bien. Además en el hotel no (haber) calefacción y (hacer) mucho frío. Hace un momento (hablar) con el dueño y me (decir) que me va a dar otra habitación.

KEY TO COMPREHENSION SCENE

Alva tells Dolores he'll be returning to South America very shortly. She tells Remiro and Gálvez separately.

voy a sentir su marcha	*I'll miss you*
usted vale mucho para mí	*you mean a lot to me*
Alva va a volver muy pronto	*Alva's going back very soon*
vamos a hacer el trabajo	*we're going to do the job*
tú y yo solos	*just you and I*
no confío en ellos	*I don't trust them*
¿Por qué no dejamos todo eso?	*Why don't we leave all that?*
te llamaré por la noche	*I'll ring you tonight*
Vuelve al hotel	*Go back to the hotel*
haz las maletas	*pack your bags*
y márchate de Madrid	*and leave Madrid*
Diles la verdad, pero no toda	*Tell them the truth, but not everything*
Por lo menos no habrá secuestro	*At least there'll be no kidnapping*

24 VEINTICUATRO
Revision

In these last two programmes we want to help you prepare for your trip to Spain and to remind you of some of the key sentences you're going to need when you arrive.

1 Booking a room
You may find this correspondence helpful as a guide to writing to hotels in Spain.

Londres, 21 de abril de 1971

Hotel Regina,
Madrid,
España.

Muy señores míos:

    Quisiera reservar una habitación doble con baño para el sábado 18 de septiembre. Queremos estar en el hotel una semana, o sea, hasta el 26 de septiembre por la mañana. Por favor, envíenme detalles de los precios de la habitación y de las comidas.

    En espera de sus noticias, les saluda atentamente,

(Martin Stevens)

Mi dirección es:
45, West Avenue,
Kingston,
Surrey.

Other useful vocabulary:

una habitación individual	*a single room*
con ducha	*with shower*
con balcón	*with a balcony*
una habitación exterior	*(i.e. with a view)*
una habitación interior	*(i.e. with no view but cheaper and possibly quieter)*
una cama de matrimonio	*a double bed*
una cama individual	*a single bed*
una cama adicional para un niño	*an extra bed for a child*
pensión completa	*full board*
pensión alimenticia	*meals only*
media pensión	*bed, breakfast and one meal*
¿Cuánto pagan los niños?	*How much is it for children?*

Example of a reply from a hotel:

Hotel Regina
Madrid.

24.4.71

Sr. D. Martin Stevens
45, West Avenue,
Kingston,
Surrey. England

Muy Sr. nuestro:

De conformidad a su atenta carta de fecha 21 del corriente mes y complaciendo sus deseos, nos es grato confirmarle la reserva de una habitación doble con baño, durante los días 18 al 26 de septiembre próximo.

Nuestros precios y condiciones son los siguientes:

PENSIÓN COMPLETA (2 personas) .   .   810.-Pts
MEDIA PENSIÓN   (2 personas) .   .   670.- ,,

En espera de su conformidad nos despedimos de Vd. atentamente y ss.ss.

HOTEL REGINA, S.A.
MADRID
Q.e.s.m.
EL DIRECTOR

A rough translation of this is:

Dear Sir,

In answer to your letter of the 21st of this month, we are pleased to confirm the reservation of a double room with bath from the 18th to 26th of September.

Our prices and conditions are as follows:

FULL BOARD (*2 people*) .   .   .   .   *810 pesetas daily*
BED AND BREAKFAST
    AND ONE MEAL (*2 people*) .   .   .   *670 pesetas daily*

Hoping this is acceptable to you,

Yours faithfully,

You could then reply to the hotel:

Londres, 4 de mayo de 1971

Sr. Director,
Hotel Regina,
Madrid,
Spain.

Muy señor mío:

He recibido su atenta carta de fecha 24 de abril. Deseo confirmar la reserva de la habitación para el 18 de septiembre. Estaremos una semana en el hotel, y tomaremos pensión completa. Tenemos intención de llegar por la tarde, a eso de las cuatro.

Le saluda atentamente,

(Martin Stevens)

Other useful phrases:

Me gustaría saber si . . .	*I'd like to know whether . . .*
No comprendo lo que dice sobre . . .	*I don't understand what you say about . . .*
Quedo enterado de lo que dice sobre . . .	*I understand what you say about . . .*
¿Sería posible . . . (INFINITIVE)?	*Would it be possible to . . .?*

2 Arrival at airport or station

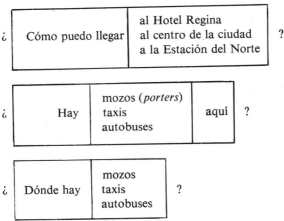

¿	Cómo puedo llegar	al Hotel Regina al centro de la ciudad a la Estación del Norte	?

¿	Hay	mozos (*porters*) taxis autobuses	aquí	?

¿	Dónde hay	mozos taxis autobuses	?

3 *In the taxi or bus*

Quiero ir	al hotel Regina al centro de la ciudad a la Estación del Norte

Al Hotel Regina, por favor.
A la calle de San Antonio, número dos.
¿Sabe usted dónde está la calle de San Antonio?
¿Puede esperar un momento?
¿Cuánto es?

4 *At the hotel*

Soy	el señor Owen la señora Roberts

Quisiera Tengo reservada	una habitación	individual doble	con ducha con baño interior exterior

Para	dos días una semana dos semanas

Voy a Vamos a	estar	tres días una semana

¿	Cuánto cuesta	la habitación la pensión completa	?

¿	Se puede	dejar aquí el coche comer en el hotel desayunar en la habitación	?

¿	Tienen	servicio de lavandería	?	(*laundry service*)
		garaje		
		teléfono en las habitaciones		
		agua caliente		(*hot water*)

5 *How to complete a* tarjeta

The hotel will ask you to leave your passport with them for a few hours and to complete a tarjeta.

ENTRADA DE EXTRANJEROS

Apellidos ....*MATTHEWS*.... Nombre ......*SIMON*......

Fecha de nacimiento *9 JULIO 1935* Nacionalidad actual *INGLES*

Lugar de nacimiento ....*LONDRES*....

Pasaporte n.º ....*579431*.... exp. en ....*LONDRES*.... el *3-5-71*
o
Autorización residencia n.º............ exp. en .... el ....

.... de .... de 19....
El viajero,

Establecimiento ....

Domicilio JUAN BRAVO, 30 - TEL 1337

SEGOVIA

№ 723526

- -

Apellidos .... Nombre ....

Domicilio ....

№ 723526

.... de .... de 19....

Imp. de la D. G. de S.—M. 1.020-E   El encargado,

DIRECCION GENERAL DE SEGURIDAD

PRACTICE

Exercise 1   *Write a letter to the tourist office of a place of your choice asking for a list of hotels, a map of the city and details of local attractions and possible excursions.*

Exercise 2   *Complete your part of this conversation with a hotel receptionist.*

Recepcionista   Buenas tardes. ¿En qué puedo servirle?
Usted   ....
Recepcionista   ¿Qué tipo de habitación desea?
Usted   ....
Recepcionista   ¿Para cuánto tiempo?
Usted   ....
Recepcionista   Tengo una habitación que vale trescientas pesetas. ¿Le conviene?
Usted   ....
Recepcionista   ¿Quiere comer en el hotel?
Usted   ....
Recepcionista   ¿Dónde tiene el equipaje?
Usted   ....
Recepcionista   ¿Puede dejarme el pasaporte, por favor?
Usted   ....
Recepcionista   Puede recogerlo a las cinco. Haga el favor de rellenar esta tarjeta.
Usted   ¿ ....?
Recepcionista   No, nada más. Muchas gracias. El botones le llevará a su habitación.

KEY TO COMPREHENSION SCENE

Alva's colleague, Maldonado, arrives to bring him news of events at home and to escort him back to the republic in triumph. Dolores and Gálvez have other ideas.

tengo un dolor de cabeza horrible	*I've got a terrible headache*
Prefiero irme a casa	*I prefer to go home*
¿Todavía tiene miedo de mí?	*Are you still afraid of me?*
(la) esposa	*the wife*
mi prometida	*my fiancée*
estamos buscándola	*we're looking for her*
los secuestradores piden ...	*the kidnappers are demanding ...*
si no los entrego, me matarán	*if I don't pay them, they'll kill me*
está detenido	*he's held*
en la Comisaría de Segovia	*in Segovia police station*

Revision

To complete the course we want just to add slightly to the language we have shown you for shopping and for ordering food and drink.

1 Shopping

Quisiera	un sombrero de playa un traje de baño/bañador una guía local en inglés	*a beach hat* *a bathing suit*

Estoy buscando	unos zapatos de verano un plano de la ciudad una revista inglesa

¿	Me hace el favor de	enseñarme . . . mandarlo a . . . encargar . . . envolverlo . . .	?	*show me* *send it to* *order* *wrap it*

Me parece(n)	demasiado muy	caro(s) grande(s) pequeño(s) pesado(s) corriente(s)	*ordinary*

¿	Cuánto	vale valen	?

Me lo llevo
Sí, me quedo con él/ella } *I'll take it*

2 *At the bar*

¿Qué va usted a tomar?   *What are you going to have?*
¿Me da.............?   *(To the barman) Could I have ...?*

una cerveza	*a bottled beer*
un botellín de cerveza	*a small bottle of beer*
una caña	*a small draught beer*
un tinto	*a glass of red wine*
un blanco	*a glass of white wine*
una tónica	*a tonic water*
un cuba-libre	*cola and rum*
un cuba-libre con ginebra	*cola and gin*
con hielo	*with ice*
con limón	*with lemon*
con sifón	*with soda*

¿Qué tapas tienen?   *What* tapas *have you got?*

Tapas *are appetisers and are often displayed in small dishes on the bar counter. They may be hot or cold and include for instance:*

gambas	*prawns*
aceitunas	*olives*
calamares	*squid*
patatas fritas	*crisps*
anchoas	*anchovies*
tortilla	*omelette*
mejillones	*mussels*
almejas	*clams*

You order either a ración *(a portion), a* media ración *(a half portion) or a* pincho *(single item). You will find that some bars will automatically give you a small portion of some* tapa *free with your drink. In Spain it isn't usual to pay for drinks until you are about to leave. To ask what it all comes to you say:*

¿	Cuánto	es todo le debo	?

3 In the restaurant

We have seen that you can say Quisiera . . . *'I'd like . . .' and* Voy a tomar . . . *'I'll have . . .'*
For an additional request (e.g. for another beer, more bread, etc.) you can use:

¿	Quiere traerme	otra cerveza más pan la cuenta	?

Some useful vocabulary:

poco hecho	*underdone (rare)*
muy hecho	*well done*
con/sin ajo	*with/without garlic*
con/sin cebolla	*with/without onions*
vino de la casa	*carafe wine*
vino de marca	*a labelled wine*
(no) frito en aceite	*(not) fried in olive oil*
ensalada aliñada/sin aliñar	*salad with dressing/without dressing*
¿Cuánto tardará?	*How long will it be?*

PRACTICE

Exercise 1   *Complete your part of this conversation with a shop assistant.*

Shop Assistant   ¿Qué desea usted?
Usted   . . . .
Shop Assistant   ¿De qué tipo?
Usted   . . . .
Shop Assistant   ¿Le gusta éste?
Usted   . . . .
Shop Assistant   ¿Prefiere algo más barato?
Usted   . . . .
Shop Assistant   Éste es de muy buena calidad. ¿Qué le parece?
Usted   . . . .
Shop Assistant   Tenemos otros más grandes. ¿Quiere verlos?
Usted   . . . .
Shop Assistant   Mire, aquí los tiene. El precio es muy razonable.
Usted   ¿ . . . . ?
Shop Assistant   Quinientas pesetas. ¿Se lo lleva?
Usted   . . . .
Shop Assistant   Muchas gracias. Pase a caja, por favor. Aquí tiene la factura.

Exercise 2   *Answer these questions:*

¿Cómo se llama usted?

¿De dónde es usted?

¿Dónde vive usted?

¿Dónde pasó usted las vacaciones el año pasado?

¿Le gustó ese sitio?

¿Fueron unas vacaciones interesantes?

¿Cuánto tiempo piensa pasar en España?

¿Solo, o con la familia?

¿Qué sitios desea visitar?

¿Quiere viajar dentro de España?

¿Cuándo llegó usted a Madrid?

¿Ha estado antes en España?

¿Ha visitado usted Mallorca?

¿Cuánto tiempo hace que estudia el español?

¿Dónde lo estudia?

¿Quiere continuar estudiando el español el año que viene?

KEY TO COMPREHENSION SCENE

The last act. Gálvez and Dolores move.

la señorita Fuentes lo entregará	*Miss Fuentes will deliver it*
ella sola, ¿entendido?	*just her on her own, understood?*
Yo hice lo que me mandó mi jefe	*I did what my boss told me*
empecé a sospechar	*I began to suspect*
la gente de pueblo	*people from the country*
andar con mucho cuidado	*to watch out for ourselves*
en la ciudad	*in the city*
Deja tu coche fuera de la carretera	*Park your car off the main road*
y espérame	*and wait for me*
yo bajaré de mi coche	*I'll get out of my car*
después de recibir el dinero	*after getting the money*
esos hombres la retendrán a usted	*those men will hold you*
durante tres horas	*for three hours*
para asegurarse de que	*to make sure that*
la policía no interviene	*the police do nothing*

Keys to exercises

Programme 5   **Exercise 4**   a. Está en la discoteca.   b. Está en el hotel.   c. Están en el bar. d. Están en el garaje.   e. Es de Inglaterra.   f. Son de España.   g. Es de Escocia. h. Es de Francia.   i. Es mecánico.   j. Es secretaria.   k. Es médico.   l. Es maestra/ profesora.

Programme 6   **Exercise 2**   1. Son las cinco.   2. Son las dos y cuarto.   3. Son las diez menos cuarto.   4. Son las tres y media.   5. Son las doce y diez.   6. Son las dos menos veinte.   7. Son las ocho y veinte y cinco.

Exercise 3   1. A las tres menos veinticinco.   2. A las cuatro y diez.   3. A las diez menos veinte y dos.

Exercise 4   1. A las diez y media de la noche.   2. A las siete y veinte de la tarde.   3. A las doce menos cuarto de la noche.

Programme 7   **Exercise 3**   1. El mecánico va a arreglar el coche.   2. Los empleados van a comer a las doce.   3. Yo voy a perder la paciencia.   4. Ramiro va a tomar una cerveza.   5. Las chicas van a ir a la discoteca.   6. Paco, ¿va usted a ver la habitación?

Exercise 4

Este coche es moderno.	Ese coche es moderno.
Esta señorita es guapa.	Esa señorita es guapa.
Estas calles son estrechas.	Esas calles son estrechas.
Estos libros son interesantes.	Esos libros son interesantes.
Este hotel es caro.	Ese hotel es caro.

Programme 9   **Exercise 2**   1. ¿Cómo lo quiere?   2. ¿Cómo la quiere?   3. ¿Cómo las quiere? 4. ¿Cómo los quiere?   5. ¿Cómo lo quiere?   6. ¿Cómo la quiere?   7. ¿Cómo las quiere?

Exercise 3   1. ¿Cuánto vale ese sombrero?   2. ¿Cuánto vale esa camisa? 3. ¿Cuánto vale ese bañador?   4. ¿Cuánto vale esa bolsa?   5. ¿Cuánto vale ese vestido?   6. ¿Cuánto valen esos pantalones?   7. ¿Cuánto valen esas sandalias?   8. ¿Cuánto valen esos zapatos?   9. ¿Cuánto valen esas gafas de sol?

Programme 10   **Exercise 1**   1. Escribo muchas postales.   2. Como siempre en el hotel. 3. Recibo cartas todas las mañanas. 4. Leo periódicos españoles. 5. Vivo en Londres.

Exercise 1 (continued) 1. Escribimos muchas postales. 2. Comemos siempre en el hotel. 3. Recibimos cartas todas las mañanas. 4. Leemos periódicos españoles. 5. Vivimos en Londres.

Exercise 2 1. Lee un periódico. 2. Escribe una postal. 3. Vive en Londres. 4. Vende periódicos. 5. Abre una carta.

Exercise 3 1. ¿Qué toman ustedes? Tomamos café con leche. 2. ¿Qué necesitan ustedes? Necesitamos unas sandalias. 3. ¿Qué estudian ustedes? Estudiamos matemáticas. 4. ¿Qué fuman ustedes? Fumamos tabaco negro. 5. ¿Qué compran ustedes? Compramos sellos. 6. ¿Qué buscan ustedes? Buscamos las maletas.

Programme 11 Exercise 3 1. Mis amigos almuerzan a las dos. 2. Los niños no duermen bien en el hotel. 3. Esta oficina cierra a la una. 4. Juan y José vuelven esta tarde. 5. ¿Pueden venir sus padres? 6. Los cigarrillos cuestan quince pesetas. 7. Los ingleses prefieren el té. 8. Los españoles encuentran difícil el inglés.

Programme 12 Exercise 3 1. Estoy esperando a mi mujer. 2. Estoy abriendo la ventana. 3. Estoy comiendo un sandwich. 4. Estoy tomando una cerveza. 5. Estoy escribiendo una postal. 6. Estoy trabajando un rato.

Exercise 4 1. Llame (usted) al camarero. 2. Tome (usted) un café. 3. Escriba (usted) una carta. 4. Vuelva (usted) por la mañana. 5. Telefonee (usted) al hotel. 6. Descanse (usted) un rato. 7. Hable (usted) más despacio.

Programme 13 Exercise 4

¿Es suyo este coche?	No, no es mío.
¿Es suya esta casa?	No, no es mía.
¿Son suyas estas gafas?	No, no son mías.
¿Son suyos estos billetes?	No, no son míos.
¿Es suya esta carta?	No, no es mía.
¿Son suyas estas cervezas?	No, no son mías.
¿Es suyo este taxi?	No, no es mío.

Programme 14 Exercise 4 1. Me acuesto a las once. 2. Me cambio en la habitación. 3. Me levanto a las nueve. 4. Me llamo. . . . 5. Me baño en la piscina.

Programme 16 Exercise 2 1. A las nueve de la mañana Juan empezará a trabajar. 2. A las once de la mañana Juan tomará café. 3. A las once y cuarto de la mañana Juan continuará el trabajo. 4. A las cuatro de la tarde Juan tendrá una visita. 5. A las seis de la tarde Juan volverá a casa. 6. A las siete de la tarde Juan mirará la televisión. 7. A las diez de la noche Juan cenará con la familia. 8. A las doce menos cuarto de la noche Juan se acostará.

Programme 17 Exercise 4(a) 1. Lo tengo aquí. 2. La tengo aquí. 3. Los tengo aquí. 4. Lo tengo aquí. 5. Las tengo aquí. 6. La tengo aquí.
Exercise 4(b) 1. ¿Le conoce usted? 2. ¿La conoce usted? 3. ¿Les conoce usted? 4. ¿Las conoce usted? 5. ¿Le conoce usted? 6. ¿La conoce usted?

Programme 18 Exercise 1 1. Hoy he visitado el museo.. 2. Hoy he visto el palacio. 3. Hoy he dado un paseo. 4. Hoy he escrito una carta. 5. Hoy he comprado unos regalos. 6. Hoy he vuelto de Madrid.

Exercise 2 1. ¿Por qué no ha venido usted antes? 2. ¿Por qué no ha traído usted las maletas? 3. ¿Por qué no ha escrito Vd. la postal? 4. ¿Por qué no ha dicho usted la verdad? 5. ¿Por qué no ha visto usted la catedral? 6. ¿Por qué no ha hecho usted las maletas?

Programme 20 Exercise 2 1. Ya las he hecho. 2. Ya los he recogido. 3. Ya la he visto. 4. Ya la he cerrado. 5. Ya lo he probado. 6. Ya la he escrito. 7. Ya lo he leído.

Exercise 3 1. Le he vuelto a ver esta mañana. 2. La he vuelto a pedir esta mañana. 3. Las he vuelto a recibir esta mañana. 4. Les he vuelto a escribir esta mañana. 5. Lo he vuelto a hacer esta mañana. 6. La he vuelto a leer esta mañana.

Exercise 4(a) 1. Escríbale usted. 2. Tráigalas usted. 3. Espérela usted. 4. Resérvela usted. 5. Échela usted. 6. Hágalo usted.

Exercise 4(b) 1. No le escriba usted. 2. No las traiga usted. 3. No la espere usted. 4. No la reserve Vd. 5. No la eche Vd. 6. No lo haga usted. .

Programme 21 Exercise 2 1. ¿Dónde estaban las llaves? 2. ¿De dónde eran sus amigos? 3. Las calles estaban muy estrechas. 4. María tenía mucha prisa. 5. Nosotros estábamos muy contentos. 6. ¿Cómo estaban sus padres? 7. Los dueños de la tienda estaban enfermos, y por tanto la tienda estaba cerrada. 8. ¿Era la hora de cerrar? 9. Yo tenía mucha sed. 10. Todos nosotros teníamos mucho sueño. 11. María tenía mucha prisa. 12. El señor Alva era antes jefe de policía. 13. ¿Qué hora era? 14. Los niños tenían mucha hambre. 15. Todos los lavabos estaban ocupados.

Programme 22 Exercise 1(a) 1. Ayer salí de casa a las once. 2. Ayer tomé la cena a las once. 3. Ayer vi a Juan a las once. 4. Ayer llamé por teléfono a mi jefe a las once. 5. Ayer recibí una carta a las once. 6. Ayer llegué al hotel a las once. 7. Ayer compré un periódico a las once. 8. Ayer volví a casa a las once. 9. Ayer visité a mis amigos a las once. 10. Ayer recogí los billetes a las once. 11. Ayer pagué la cuenta a las once. 12. Ayer hablé con ese señor a las once.

Exercise 1(b) 1. Ayer salimos de casa a las once. 2. Ayer tomamos la cena a las once. 3. Ayer vimos a Juan a las once. 4. Ayer llamamos por teléfono a mi jefe a las once. 5. Ayer recibimos una carta a las once. 6. Ayer llegamos al hotel a las once. 7. Ayer compramos un periódico a las once. 8. Ayer volvimos a casa a las once. 9. Ayer visitamos a mis amigos a las once. 10. Ayer recogimos los billetes a las once. 11. Ayer pagamos la cuenta a las once. 12. Ayer hablamos con ese señor a las once.

Exercise 2 1. ¿A qué hora llegó usted a casa? 2. ¿A qué hora pasó usted por el centro? 3. ¿A qué hora tomó usted el desayuno? 4. ¿A qué hora salió usted del hotel? 5. ¿A qué hora echó usted las cartas? 6. ¿A qué hora recibió usted el telegrama? 7. ¿A qué hora recogió usted a sus amigos? 8. ¿A qué hora volvió usted a la estación? 9. ¿A qué hora pagó usted la habitación? 10. ¿A qué hora vio usted a sus amigos? 11. ¿A qué hora visitó usted el castillo? 12. ¿A qué hora llamó usted a la policía? 13. ¿A qué hora habló usted con el médico?

Programme 23 **Exercise 1(a)** 1. El año pasado estuve en Sevilla. 2. El año pasado fui a Cataluña. 3. El año pasado vine a España. 4. El año pasado tuve que viajar mucho. 5. El año pasado hice un recorrido de Andalucía. 6. El año pasado estuve en el mismo hotel.

Exercise 1(b) 1. El año pasado estuvimos en Madrid. 2. El año pasado fuimos a la Costa Brava. 3. El año pasado vinimos a este hotel. 4. El año pasado tuvimos que quedarnos en casa. 5. El año pasado hicimos un viaje interesante. 6. El año pasado estuvimos un mes en Canarias.

Exercise 2 El sábado pasado vine a España. El avión llegó con mucho retraso porque había niebla en Londres y el avión no salió hasta las diez de la noche. Tomé un taxi y fui directamente al hotel, que estaba muy lejos del aeropuerto. Como era de noche no había nadie en el hotel y tuve que llamar varias veces. Cuando por fin vino el encargado me dijo que no tenía reservada ninguna habitación para mí. Afortunadamente yo tenía la copia de su carta. Entonces me llevó a una habitación.

Esta mañana me he levantado muy temprano porque no he dormido bien. Además en el hotel no había calefacción y hacía mucho frío. Hace un momento hablé con el dueño y me dijo que me va a dar otra habitación.

Grammar index

Vocabulary

Note that the Spanish alphabet treats ch, ll and ñ as separate letters which come after c, l and n; this applies within words as well as initially. Verbs are listed by infinitives. Radical-changing verbs (see page 59) are listed with their vowel changes in brackets.

Translations given below refer to the meanings of words as they appear in this book.
Abbreviations: m. masculine, f. feminine, fam. familiar (tú) form, pol. polite (usted) form, pl. plural.

A

a *to, at*
  al *to the, at the*
  abrir *to open*
en absoluto – *not at all*
  aburrido *boring, bored*
  acabar de *to have just*
la aceituna *olive*
  acompañar *to accompany*
  acordarse de (ue) *to remember*
  acostarse (ue) *to go to bed*
  actuar *to act*
  acuerdo, de – *agreed*
  adiós *goodbye*
  ¿Adónde? *where (to)?*
el aeropuerto *airport*
  agradable *agreeable, nice*
el agresor *attacker*
el agua (f) *water*
    agua mineral *mineral water*
el aguafiestas *spoilsport, kill-joy*
  ahí *there*
  ahora *now*
    ahora mismo *right now*
  Alemania *Germany*
  algo *something*
  alguien *someone, somebody*
  algún(-una) *any, some*
  almorzar (ue) *to have lunch*
  alto *tall, high, loud*
  allí *there*
la amabilidad *kindness*
  amable *pleasant, kind*
la ambición *ambition*
el amigo *friend (male)*
la amiga *friend (female)*
  andar *to walk*
el animal *animal*
el anís *aniseed drink*
  antes *before*
  anticuado *old-fashioned*
  antiguo *old, ancient*
el año *year*
  apagar *to turn out, off*
  aparcar *to park*
  apasionante *exciting*

el aperitivo *aperitive*
el apetito *appetite*
  aproximadamente *approximately, about*
  aquí *here*
  armar *to arm*
las armas *arms, weapons*
  arreglar *to repair, put right*
  asegurar *to assure*
  asesinar *to assassinate*
  así *like this, so*
la aspirina *aspirin*
el asunto *subject, matter*
  atacar *to attack*
  atender (ie) *to attend to, serve*
  atractivo *attractive*
el autobús *bus*
el autocar *coach*
la avenida *avenue*
el avión *'plane*
  ayer *yesterday*
el ayudante *assistant*
  ayudar *to help*
  azul *blue*

B

  bailar *to dance*
  bajo *short, low*
el banco *bank*
el bañador *bathing costume*
  bañarse *to have a bath, a swim*
el bar *bar*
  barato *cheap*
el barco *boat*
  bastante *enough*
  beber *to drink*
  bien *well*
  bienvenido *welcome*
el billete *ticket*
  blanco *white*
la blusa *blouse*
la bolsa *bag*
el bolsillo *pocket*
el bolso *handbag*
  bonito *pretty, nice*
el brazo *arm*

buenas tardes   *good afternoon, good evening*
bueno   *good*
¡Bueno!   *alright! good!*
buenos días   *good morning*
buscar   *to look for*

C

el caballero   *gentleman, man*
la cabeza   *head*
el café   *coffee, café*
la cafetería   *café*
la caja   *box*
la calefacción   *heating*
caliente   *hot*
el calor   *heat*
   hace calor   *it's hot*
   callarse   *to be quiet, shut up*
la calle   *street*
el camarero   *waiter*
la camarera   *waitress*
   cambiar   *to change*
   cambiarse   *to get changed*
el camionero   *lorry-driver*
la camisa   *shirt*
   cansado   *tired*
el carácter   *personality, character*
la carne   *meat*
   caro   *expensive, dear*
la carta   *letter, menu*
la casa   *house*
   en casa   *at home*
   casado   *married*
   casarse   *to get married*
   casi   *almost, nearly*
   Castilla   *Castile*
el castillo   *castle*
la casualidad   *chance*
   por casualidad   *by chance*
la catedral   *cathedral*
la cena   *dinner, supper*
   cenar   *to dine, have supper*
el centímetro   *centimetre*
el centro   *centre*
   cerca, cerca de   *nearby, near*
   cerrar (ie)   *to close, shut*
la cerveza   *beer*
   cien, ciento   *one hundred*
   cierto   *true*
   por cierto   *by the way*
el cigarrillo   *cigarette*
el cine   *cinema*

la cita   *date, appointment*
la ciudad   *city*
el ciudadano   *citizen, someone living in a town*
   ¡claro!   *of course!*
la clase   *class*
el cliente   *client, customer*
el cocinero   *chef, cook*
el coche   *car*
el cóctel   *cocktail*
el color   *colour*
la combinación   *connection, combination*
   comer   *to eat*
el comerciante   *someone in business*
   cometer   *to commit*
la comida   *food, meal*
el comisario   *inspector*
   ¿cómo?   *how?*
   como   *like, as*
   cómodo   *comfortable*
la compañía   *company*
el competidor   *competitor, rival*
   competir   *to compete*
   completar   *to complete*
   comprar   *to buy*
   comprender   *to understand*
   con   *with*
el coñac   *brandy*
la conferencia   *trunk call*
   confesar   *to confess, admit*
   conocer   *to meet, know*
   conseguir   *to get hold of, to arrange, to get*
el consomé   *consommé, clear soup*
   contento   *content, happy*
   contestar   *to answer, reply*
   continuar   *to continue*
   contra   *against*
la contrarrevolución   *counter-revolution*
   convenir (ie)   *to be convenient, to be best*
la conversación   *conversation*
   Correos   *post-office*
   corto   *short*
la cosa   *thing*
la cosita   *little thing*
   costar (ue)   *to cost*
   creer   *to believe, think*
la crema   *vanilla-cream*
el crimen   *crime*
   cruzar   *to cross*
   cual   *which*
   cuando   *when*
   ¿cuanto(s)?   *how much (many)?*
el cuarto   *quarter, fourth*
la cuenta   *bill*
   ¡cuidado!   *look out!*

el cuidado *care*
la culpa *fault, blame*
cumplir *to carry out, perform*

CH

el champiñón *button mushroom*
la chica *young girl*
el chocolate *chocolate*

D

dar *to give*
   dar un paseo/una vuelta *to go for a walk*
el deber *duty, task*
decididamente *decidedly*
decidir *to decide*
decir *to say*
dejar *to leave, let*
el delito *crime, offence*
demasiado *too, too much*
la derecha *right (side)*
desayunar *to have breakfast*
el desayuno *breakfast*
descansar *to rest*
desde *from, since*
¡desde luego! *of course!*
desear *to desire, want*
después *after, afterwards*
el día *day*
diferente *different*
difícil *difficult*
la dificultad *difficulty*
¿Dígame? *Hallo? (on telephone)*
la dignidad *dignity*
el dinero *money*
la dirección *address*
el disco *disc, record*
la discoteca *discothèque*
la distancia *distance*
distinguido *distinguished*
divertido *amusing, fun*
doblar *to turn, fold*
doce *twelve*
el domingo *Sunday*
don *title given before man's Christian name,*
   particularly for professional people
donde *where*
el donjuán *Don Juan, womaniser*
doña *title given before woman's Christian*
   name
dormir (ue) *to sleep*
dos *two*
la duda *doubt*

el dueño *proprietor, owner*
dulce *sweet*
duro *hard*

E

e *and (used when the next word begins*
   with 'i')
echar *to throw*
   echar de menos *to miss*
egoísta *selfish*
el ejercicio *exercise*
el *the*
él *he, him*
elegante *elegant*
elegantísimo *very elegant*
elegir *to choose*
eliminar *to eliminate, get rid of*
ella *she, her*
ellos/ellas *they, them*
empezar *to begin*
el empleado *employee*
encantado *delighted*
el encargado *man in charge*
encontrar (ue) *to meet, find*
el enemigo *enemy*
enfermo *ill*
enfrente de *opposite*
enhorabuena *congratulations*
en seguida *immediately, straight away*
la enseñanza *education, teaching*
entender (ie) *to understand*
   ¿entendido? *understood?*
entonces *then*
la entrada *entrance, ticket*
entre *among, between*
los entremeses *hors d'oeuvres*
entretenido *occupied*
la entrevista *interview*
equipado *equipped*
el equipaje *luggage*
Escocia *Scotland*
esconder *to hide*
escribir *to write*
ese, esa, eso; esos, esas *that, those*
a eso de *at about (time)*
la estancia *stay*
el estanco *State tobacco shop*
estar *to be*
este, esta, esto; estos, estas *this, these*
estrecho *narrow*
el/la estudiante *student*
estudiar *to study*
excelente *excellent*
   su excelencia *your excellency*

explicar *to explain*
el expreso *express*
extrañar *to surprise*
extraño *strange*

F

fácil *easy, simple*
la falda *skirt*
la farmacia *chemist's*
la fecha *date*
feo *ugly*
la figura *figure*
el final *final, end*
   al final de *at the end of*
la fortuna *fortune*
francés, francesa *French*
Francia *France*
la frecuencia *frequency*
frente; al – *forward*
fresco *cool*
frío *cold*
   hace frío *it's cold*
el fuego *fire, light*
fuera *outside*
fumar *to smoke*
el futuro *future*

G

las gafas *glasses, spectacles*
   gafas de sol *sunglasses*
la gamba · *prawn, shrimp*
ganar *to earn, win*
el garaje *garage*
la gente *people*
la ginebra *gin*
el gobierno *government*
el gol *goal*
gracias *thank you*
   muchas gracias *thank you very much*
grande *big, large*
guapo, guapa *handsome, pretty*
   guapísima *beautiful*
el guardaespalda *bodyguard*
guardar *to keep*
la guía *guide-book*
gustar *to like*

H

haber *to have*
   hay *there is, there are*
   hay que *one has to, one must*
   había *there was, there were*
   habrá *there will be*

la habitación *room, bedroom*
hablar *to speak, talk*
hacer *to do, to make*
el hambre (f) *hunger*
hasta *until*
   hasta mañana *see you tomorrow*
   hasta luego *see you later*
   hasta la noche *see you tonight*
la hija *daughter*
el hijo *son*
la historia *story*
¡Hola! *Hallo!*
el hombre *man*
el homicidio *murder*
la hora *hour*
   ¿Qué hora es? *What's the time?*
el horario *time-table*
el hotel *hotel*
el hotelero *hotelier*
hoy *today*
el huevo *egg*
la humanidad *humanity*

I

ida y vuelta *return*
la idea *idea*
la iglesia *church*
igual *equal, the same*
impacientarse *to get impatient*
la importancia *importance*
el importe *charge*
el impuesto *tax*
incluído *included*
incómodo *uncomfortable*
la información *information, report*
informar *to inform*
el ingeniero *engineer*
inglés, inglesa *English*
inocente *innocent*
el instituto *secondary school*
intentar *to try, attempt*
interesante *interesting*
el invierno *winter*
invitar *to invite*
ir *to go*
Irlanda *Ireland*
la izquierda *left*

J

el jamón *ham*
el jardín *garden*
el jefe *boss, head, chief*
el jerez *sherry*

joven *young*
jugar (ue) *to play*
junto *together*
la justicia *justice*

K

el kilómetro *kilometre*

L

la *the, her, you (f.), it (f.)*
las *the, them (f.), you (f.pl.)*
le *him, you (m.)*
les *them (m.), you (m.pl.)*
lo *it (m.)*
los *them (m.)*
la labor *work*
el lado *side*
la langosta *lobster*
largo *wide*
la lástima
¡Qué lástima! *What a pity!*
el lavabo *toilet, washroom*
lavar *to wash*
lavarse *to wash (oneself)*
la leche *milk*
leer *to read*
lejos *far*
el lenguado *sole*
lento *slow*
el letrero *sign*
levantar *to lift, raise*
levantarse *to get up*
ligero *light*
la limonada *lemonade*
la línea *line*
el limón *lemon*
la lista *list*
listo *ready, clever, crafty*
loco *mad, crazy*
luego *then*
hasta luego *see you soon*

LL

la llamada *call*
llamar *to call, telephone*
llamarse *to be called*
la llave *key*
la llegada *arrival*
llegar *to arrive*
llevar *to take*
llover (ue) *to rain*

M

la madre *mother*
mal *badly*
la maleta *suitcase*
malo *bad*
mandar *to send*
la mano *hand*
de segunda mano *second-hand*
la manzana *apple*
la mañana *morning*
mañana *tomorrow*
el mapa *map*
la marca *make*
el marido *husband*
marcharse *to leave, go*
los mariscos *shellfish*
más *more, most*
matar *to kill*
me *(to) me*
el mecánico *mechanic*
a mediados de *in the middle of (the month)*
el médico *doctor*
la medida *size, measurement*
medio *half*
mediodía *midday*
mejor *better, best*
el melocotón *peach*
la memoria *memory*
las memorias *memoirs*
mencionar *to mention*
menos *less*
el mes *month*
la mesa *table*
mi *my*
mí *me*
mientras *while*
mientras tanto *meanwhile*
mil *one thousand*
el millón *million*
el mínimo *minimum*
como mínimo *at the least*
el minuto *minute*
mío *mine*
mirar *to look (at)*
¡Mire! *Look!*
el mismo *same*
el modelo *model*
moderno *modern, up-to-date, fashionable*
la modificación *change, modification*
modificar *to change, alter*
la modista *dressmaker*
molestar *to bother, annoy*
el momento *moment*

el motivo *reason*
el motor *motor, engine*
los muebles *furniture*
muerto *dead*
el muchacho *boy*
mucho *a lot of, much*
la mujer *woman, wife*
la munición *ammunition*
el museo *museum*
muy *very*
  muy bien *very well, fine, O.K.*

N

nada *nothing*
  de nada *not at all*
nadar *to swim*
nadie *nobody, no one*
la nata *cream*
natural de *born in*
naturalmente *naturally, of course*
necesario *necessary*
necesitar *to need*
el negocio *business*
negro *black*
nervioso *nervous*
ni *neither, nor*
la niebla *fog*
ningún(-una) *no, none*
la niña *girl*
el niño *boy, child*
no *no, not*
la noche *night*
  es de noche *it is night*
el nombre *name*
nos *us*
nosotros *we*
la noticia *news*
sin novedad *nothing new*
la novela *novel*
la novia *girlfriend, fiancée*
el novio *boyfriend, fiancé*
nuestro *our, ours*
nuevo *new*
el número *number*
nunca *never*

O

o *either, or*
obligar *to make, force*
ocupado *busy*
odiar *to hate*
la oferta *offer*
la oficina *office*

¡Oiga! *Listen!*
oír *to hear*
olvidar *to forget*
la oportunidad *opportunity*
ordenar *to order, command*
el oro *gold*
el otoño *autumn*
otro *other, another*

P

la paciencia *patience*
el padre *father*
el Padre *Father (priest)*
los padres *parents*
pagar *to pay*
el país *country*
el País de Gales *Wales*
el palacio *palace*
el pantalón *trousers*
el papel *(piece of) paper*
el paquete *packet, parcel*
el par *pair, a couple*
para *for*
parecer *to appear, look like, seem*
el parque *park*
particular *private*
pasado *past, last*
el pasaporte *passport*
pasar *to happen, to pass (by)*
el paseo *walk, promenade*
  dar un paseo *to go for a walk*
el paso *step*
el pastel *cake, pastry*
el patriota *patriot*
pedir *to ask for, order*
la película *film*
el pelo *hair*
pensar (ie) *to think*
la pensión *boarding-house, guest-house*
pequeño *small, little*
perder *to lose*
perdón, perdone *pardon, excuse me*
perfectamente *perfectly, certainly*
perfecto *perfect*
el periódico *newspaper*
el permiso *permission*
pero *but*
la persona *person*
el pescado *fish*
la peseta *peseta*
el pijama *pair of pyjamas*
pintar *to paint, spray*
la piscina *swimming pool*

el piso   *flat, floor*
la pistola   *pistol, gun*
el plan   *plan*
la playa   *beach*
la plaza   *square*
    plaza de toros   *bullring*
la pluma   *pen*
    pluma estilográfica   *fountain pen*
pobre   *poor*
poco   *little, not much*
el poder   *power, control*
poder (ue)   *to be able*
la policía   *police*
el policía   *policeman*
la política   *politics*
político   *political*
un poquito   *a little bit*
por   *by, through*
por cierto   *by the way*
por favor   *please*
por fin   *at last*
¿por qué?   *why?*
porque   *because*
por (lo) tanto   *therefore*
el portero   *porter*
la postal   *postcard*
el precio   *cost, price*
preferir (ie)   *to prefer*
la pregunta   *question*
preocuparse   *to worry (about)*
preocupado   *worried*
presentar   *to introduce, present*
la primavera   *spring*
primero   *first*
a principios de   *at the beginning of (the
                month)*
la prisa   *hurry*
    tener prisa   *to be in a hurry*
probablemente   *probably*
probar (ue)   *to try (out), test*
probarse (ue)   *to try (on)*
el problema   *problem*
la profesión   *profession*
prohibir   *to prohibit, forbid*
prometer   *to promise*
pronto   *soon, quickly*
la propina   *tip*
a propósito,   *by the way*
público   *public*
el pueblo   *town, village*
el punto   *point, full-stop*
    en punto   *on the dot*
la puerta   *door*
pues   *well*

Q

¿qué?   *what?*
que   *which, that*
    ¿Qué hay?   *How's it going?*
    ¿Qué tal?   *How are things?*
quedarse   *to stay*
querer   *to want*
¿Quién?   *Who?*
quisiera   *I'd like*
quizá; quizás   *perhaps*

R

rápido   *fast*
el rato   *while, short time*
la razón   *reason*
    tener razón   *to be right*
la reacción   *reaction*
el rebelde   *rebel*
el recado   *message*
recibir   *to receive*
recobrar   *to recover*
recoger   *to collect*
recomendar (ie)   *to recommend*
reconocer   *to recognize*
recordar (ue)   *to remember*
el recorrido   *tour, run*
refrescar   *to refresh*
el regalo   *present*
la reparación   *repair*
repulsivo   *repulsive*
reservado   *reserved*
reservar   *to reserve, book*
el resto   *rest, remainder*
retirarse   *to retire*
retraso, con   *late*
la revista   *magazine*
la revolución   *revolution*
rico   *rich*
robado   *stolen*
rojo   *red*

S

saber   *to know*
sacar   *to get, take out, buy tickets*
la salida   *exit, departure*
salir   *to go out*
la sandalia   *sandal*
el sastre   *tailor*
la sastrería   *tailor's*
seco   *dry*
la secretaria   *secretary*

la sed *thirst*
   tengo sed *I'm thirsty*
seguir *to follow*
segundo *second*
la seguridad *security*
seguro *sure*
el sello *postage-stamp*
el semáforo *traffic lights*
la semana *week*
sencillo *easy, simple*
sensacional *sensational*
señalar *to signal, point out*
señor *Mr, sir*
el señor *gentleman*
la señora *lady, Mrs.*
la señorita *young lady, Miss*
sentarse *to sit down*
sentir (ie) *to feel*
   lo siento *I'm sorry*
separado *separate*
ser *to be*
el servicio *service*
servir *to serve*
sí *yes*
si *if*
siempre *always*
sin *without*
sincero *sincere, truthful*
el sitio *place*
la situación *situation*
sobre *on, over, about*
el sol *sun*
   hace sol *it's sunny*
sólo *only*
solo *alone*
el solomillo *(loin) steak*
el sombrero *hat*
la sonrisa *smile*
la sopa *soup*
sorprender *to surprise, amaze*
la sorpresa *surprise*
sospechar *to suspect*
su *your, his, her, their*
el sueldo *wage, salary*
el sueño
   tener sueño *to be sleepy, tired*
la suerte *luck*
suponer *to suppose*
el sur *south*
suyo *yours (pol.), his, hers, theirs*

T

la taberna *tavern, wine-shop*
tal *such*
   ¿Qué tal? *How are things?*
la talla *size*
el taller *workshop*
el tamaño *size*
también *too, also, as well*
tampoco *either, neither*
tan *so*
tanto *so much*
tardar *to take/be a long time*
la tarde *afternoon, evening*
tarde *late*
el té *tea*
te (*pronoun*) *you (fam)*
telefónico *telephone (adj.)*
la telefonista *telephonist*
el teléfono *telephone*
temer *to fear*
la temporada *season, time of year*
temprano *early*
tener *to have, hold*
   – frío *to be cold*
   – hambre *to be hungry*
   – prisa *to be in a hurry*
   – sueño *to be sleepy, tired*
tener que *to have to*
tercero *third*
terminar *to finish*
la ternera *veal*
el tiempo *time, weather*
la tienda *shop*
el tinto *red wine*
la toalla *towel*
todavía *still, ever, yet*
todo *all, every*
todo seguido *straight on, ahead*
tomar *to take*
la tortilla *omelette*
trabajar *to work*
el trabajo *job, work*
traer *to bring*
el traje *suit*
tranquilo *calm, quiet*
el tren *train*
triste *sad*
tú *you (fam.)*
el turista *tourist*
tuyo *yours (fam.)*

U

último *last*
un, uno, una *a, one*
unos, unas *some, a few*
el único *only one*
usado *used*
usted *you (pol.)*
útil *useful*

V

las vacaciones *holidays*
¡vale! *fine, O.K.*
valer *to be worth, cost*
varios *several, a number of*
el vaso *glass*
¡vaya! *well, well!*
vender *to sell*
venir *to come*
a la venta *for sale*
la ventana *window*
ver *to see*
el verano *summer*
la verdad *truth*
¿no es verdad? *isn't that so?*
el vermut *vermouth*
el vestido *dress*
vestido *dressed*

la vez *time, occasion*
viajar *to travel*
el viaje *journey*
viejo *old*
el viento *wind*
hace viento *it's windy*
el vino *wine*
la visita *visit*
visitar *to visit*
vivir *to live*
vivo *alive*
volver (ue) *to return*
la vuelta *turn*
de vuelta *back*

Y

y *and*
ya *already, yet; I see!*
yo *I*

Z

el zapato *shoe*
la zarabanda *a lively sixteenth-century Spanish folk-dance. The word is used now to describe a situation full of noise and bustle.*